鲁迅美术学院学术著作出版基金资助出版

知识服务理念下的高校图书馆创新与发展探究

陈　雪／著

新华出版社

图书在版编目（CIP）数据

知识服务理念下的高校图书馆创新与发展探究 / 陈雪著.
— 北京：新华出版社，2022.10
ISBN 978-7-5166-6493-3

Ⅰ．①知… Ⅱ．①陈… Ⅲ．①院校图书馆－图书馆发
展－研究 Ⅳ.①G258.6

中国版本图书馆CIP数据核字（2022）第185735号

知识服务理念下的高校图书馆创新与发展探究

作　　者：陈　雪

责任编辑：蒋小云　　　　　　　封面设计：米　乐

出版发行：新华出版社
地　　址：北京石景山区京原路8号　　邮　　编：100040
网　　址：http://www.xinhuapub.com
经　　销：新华书店
　　　　　新华出版社天猫旗舰店、京东旗舰店及各大网店
购书热线：010-63077122　　　中国新闻书店购书热线：010-63072012

照　　排：北京亚吉飞数码科技有限公司
印　　刷：北京亚吉飞数码科技有限公司
成品尺寸：170mm×240mm　　　1/16
印　　张：9　　　　　　　　　字　　数：143千字
版　　次：2023年4月第一版　　　印　　次：2023年4月第一次印刷
书　　号：ISBN 978-7-5166-6493-3
定　　价：66.00元

前　言

　　伴随着时代的进步，我们所处的环境逐步演变成为现代知识型社会。知识经济环境下，我们所拥有的知识很难满足明天的需求，这就要求我们必须终身学习。高校图书馆作为重要的知识存储、传播与服务的场所，面临着来自各个方面的巨大压力和挑战。高校图书馆作为高校的图书专门机构，不但需要搜集、整理相关的图书资料，还需要有序、有效地将这些资源提供给相应的服务人群。总体来看，高校图书馆的服务人群不但包括高校的师生，还包括科研院所、企事业单位等。他们对图书馆的资料有着旺盛的需求，为了更好地满足这些人群的需求，就需要提高高校图书馆管理及服务的水平。高校图书馆管理和服务工作是高校工作的重要组成部分，同时，也是高校工作精准化、精细化的重要窗口。这一时代背景已经对高校图书馆的工作提出了知识服务创新的要求，因此，进行服务创新是高校图书馆得以持续发展的动力。图书馆应该改变传统的服务理念和服务方式，将知识管理和知识服务充分融入图书馆的发展中，适应时代的需求，积极用新的技术和服务"武装"自己，在激烈的竞争中保持自己的优势和地位，为社会提供更好的服务。基于此，我们撰写了本书。

　　本书共五章内容。第一章为新形势下高校图书馆发展趋向，主要内容包括图书馆读者服务模式的演变与发展、知识服务理念下图书馆读者服务工作的转变和深化、高校图书馆的知识服务概述、高校图书馆知识服务的创新发展研究；第二章为高校图书馆文化建设与创新研究，在介绍图书馆文化的基础上，分析了高校图书馆文化的作用与建设、高校图书馆文化的创新等方面的内容；第三章为高校图书馆信息服务创新研究，主要介绍了高校图书馆信息资源的相关概念、新媒体环境下的高校图书馆信息服务以及高校图书馆信息服务创新的途径；第四章为高校图书馆管理创新研究，对高校图书馆管理的相关概念做了介绍，并在分析当前高校图书馆管理现状的基础上对当代高校图书馆管理创新进行了阐述；第五章为高校图书馆阅读推广研究，分析了高校图书馆阅读推广的相关概念、高校图书馆阅读推广的内容与方法以及高校图书馆阅读推广的发展趋势。

当前，高校图书馆在建设和发展过程中既面临机遇，同时也存在挑战。在实际服务实践过程中，很多高校图书馆还存在很多的问题和不足，因此要对高校图书馆服务创新工作进行全面的研究和分析，以此形成全新的思路和发展机遇，这也是未来高校图书馆转型发展的关键。高校图书馆应跟随时代的发展，积极用新的技术和服务"武装"自己，为用户提供更好的服务。

在本书撰写过程中，参考和借鉴了许多有关论著和文献资料，在此对相关作者一并表示感谢，另外，由于作者水平有限，加之时间仓促，书中有不尽人意处在所难免，欢迎各位读者积极批评指正，我们会在日后进行修改，使之更加完善。

作　者

2021年12月

目　录

第一章

新形势下高校图书馆发展趋向

随着社会经济的逐步发展和现代技术在图书馆中的应用，作为人类积聚知识宝库的图书馆的信息提供方式、服务方式、管理方式正在发生根本性的变化。图书馆是传播、交流知识和信息的中心，在保存文化遗产和推动世界文明发展中起着无可替代的作用。知识经济时代的到来对于高校图书馆的发展来说既是机遇，也是挑战。高校图书馆应面向知识经济时代，把握知识经济时代的特征，强化自身的发展与建设。

第一节　图书馆读者服务模式的演变与发展

随着信息技术的迅猛发展，社会的信息意识、信息需求越来越强烈，信息资源采集、组织加工、信息服务、管理模式等诸方面都将发生更深刻的变革。如何利用先进的计算机技术开展图书馆读者服务工作，不断提高读者服务水平和质量，是图书馆工作者面临的一个新课题。

一、读者服务模式的演变

外部环境和内部机制发生重大变化，促使图书馆读者服务模式的演变，主要表现在以下几个方面。

（一）读者服务的模式从"以藏书为轴心"转化为"以读者为轴心"

信息服务方式由传统的在规定时间、特定地点进行"面对面"的沟通方式，变为24小时全天候"人机对话"方式，读者服务从被动等待读者和用户发展成为快速准确提供所需信息资料的中转站，随着多样化的通信技术的发展，电子文献信息资源和网上信息资源在图书馆信息占有量上呈现非常显著的上升趋势，未来图书馆的读者服务也将转化为以电子文献为主要服务内容。图书馆利用计算机网络环境向用户提供信息服务，实现传统服务与现代化的双轨制，可以更广泛地揭示馆藏，信息服务内容也更丰富，形式更多样，如利用电子邮件展开馆际互借、新书通告、会议通告、定题服务跟踪等。利用文件传输功能为用户提供图书馆的联机目录，获取众多领域的信息资源；利用网络通信为用户提供大型联机系统的数据库检索，开展电子论坛、图文信息电视广播、数据广播、电视远程会议、语音信箱、电子出版物与检索服务等。

（二）读者服务的对象从本校"图书馆读者"向"社会读者"延伸

在传统的读者工作中，服务对象主要是本校图书馆读者。在现代信息技术条件下，服务对象由原来的固定范围扩大到所有的互联网用户。计算机网络的普遍使用使得图书馆本身成为网络中的一个结点，图书馆的横向联系或直接联系更加广泛和普遍，读者范围已不仅仅局限在本校师生，而是遍布全社会。再加上信息咨询业发展呈现出良好的态势，这也给传统的图书馆读者服务工作带来了挑战。图书馆只有扩大服务范围主动面向全社会提供服务，才能求得自身的生存和发展。

（三）读者服务的内容逐渐从"传统馆藏提供"向"电子信息资源存取"拓展

从信息资源来看，传统意义上的读者服务涉及的文献资源大多局限在本馆范围内，且基本属于印刷型信息。随着信息技术的不断发展，数字化环境下的读者服务可以通过对各种现代化信息技术的使用，对各种形式的各类信息进行检索，帮助读者搜索全球范围内的信息。信息技术环境下，读者不仅可以通过目录、索引、全文等文本型来搜索信息，还可以通过程序、声音、图像等二进制文件和多媒体技术来获取信息。图书馆员初期先对所要收录的文献进行挑选、加工、组织，借助于计算机和网络技术将这些信息传递给读者，这一过程的传播速度非常快，读者获取信息不用受制于传统的借阅时间、限期、数量与区域的限制，而是随时随地可以查询自己所需的信息，并且获取到的信息更加全面、有针对性，能够大大提升读者阅读的信息获取效率。

（四）读者服务的手段从"传统手工操作方法"向"综合文献信息技术应用"发展

现代的读者服务工作还不能完全脱离传统服务，其是建立在传统服务手段之上，然后结合现代计算机技术、数字化技术、网络通信技术及现代检索技术全方位展开的。它要求在对读者类型、需求特点、文献信息源的类型等各种检索策略综合分析研究的基础上，确定以计算机检索为主、传统检索为辅，传统与现代相结合的互补共存的融合方式。这种融合使图书馆的读者服务在深度和广度上得以提升，互相补充。

传统图书馆提供服务的方式我们都很熟悉，它一般分为几个服务部门，以满足人们不同的需求。比如，有的人需要外借书籍和杂志，这时候就需要求助外借部门的工作人员；有的人需要借阅期刊，便可以向期刊部门的工作人员寻求帮助；有的人需要询问一些问题时，便可以前往咨询部门寻求解答与建议。传统图书馆部门与部门间的职责划分得很清晰，大家各司其事，看似效率很高，然而，当用户需要在图书馆进行多项操作时，往往会经历一些意想不到的挫折，只因这些部门间大都缺乏协调。现代信息技术下的图书馆却能满足人们同时进行多项操作的需求，提供便利的综合服务。它包括数据检索、数据准备、数据传输、全文检索、下载信息等，以便用户可以在一个地方获取该信息，极大地方便用户的综合服务，提供综合服务，打造综合服务理念，实现横向整合、内外整合、资源共享，满足用户需求。

现代化给高校图书馆带来了机遇和挑战，带来了现代化的管理思想和管理模式，同时也给高校图书馆提出了更高的要求。图书馆员要不断地"充电"，不断地自我完善，才能适应未来图书馆的建设和发展。所以它要求图书馆员要具备现代化的知识和技能，以适应信息时代图书馆工作的需要。

二、改善读者服务模式的关键在人员素质

（一）图书馆员素质的提高

随着图书馆现代化建设的迅速发展，图书馆的各项工作已从传统的手工管理和服务模式向馆藏资源数字化、管理和服务网络化的方向发展。图书馆员原有的业务功底、知识结构已不能适应工作需要。因为现代社会衡量图书馆服务能力和水平的主要指标是为读者提供信息服务的质量，衡量图书馆员的能力主要是看其信息处理的能力。因此，图书馆员应该具有快速、准确地采集、加工、整理信息的能力，比较熟练地操作计算机的能力，运用计算机进行信息处理的能力。

图书馆员要有紧迫感、使命感和责任感，发奋进取，努力提高自己的现代化技能素质，以面对信息社会、知识经济的挑战。

（1）创造条件，争取脱产培训。目前图书馆一个突出的矛盾就是专业人员的数量和质量都不能满足事业的发展需要。因此，着力培养有潜在发展能力、思想素质好的专业技术骨干系统掌握图书馆学知识，重点学习应用计算机技术进行电子信息资源的收集、存贮、组织和提供利用的技能，起到学科带头人的作用是非常必要的。

（2）鼓励馆员参加业余高校的学习，缺什么补什么至关重要。馆员可根据自身的需要，选择专业和课程参加成人高校学习，根据整体的需要发展个体，针对个体的发展确定学习内容和途径。

（3）定期、不定期聘请专家、教授来馆讲学，通过专家、教授的讲学提

高馆员的理论水平，开阔视野。也可举办学术研讨会，通过相互学习、探讨、研究来提高自身的管理水平和业务水平。

总之，信息时代的图书馆员理应是具有崭新的服务理念、服务技能的多面手，才能成为复合型的、新型的图书馆员。

（二）读者素质的提高

图书馆对读者的教育职能也很重要。传统图书馆的教育职能，在数字图书馆时代不但不会消失，而且会变得更为重要。因为在计算机平台与网络环境下很多读者对这些新技术、新环境缺乏必要的专业知识和经验，因此，由图书馆引导读者利用网络信息资源尤为必要。

（1）教育广大读者遵守图书馆有关规定和阅览室的各项条例、制度、纪律，规范自己的信息行为，自觉抵制各种不良信息干扰。

（2）有针对性地对读者开展信息咨询服务，指导读者归纳整理较高层次的思维技能，保证获取网络信息的系统性和完整性，最大限度地满足读者的信息要求。

新形势下，读者对图书馆的服务提出了高水平、高质量的要求，我们只有不断提高自己的业务和文化素质，善于对出现的新问题进行分析研究，加强责任心，不断开拓，敢于突破，读者服务工作才能向更新、更广、更高的领域迈进。相信随着数字化图书馆进程的不断加快，图书馆会为读者提供越来越优质的信息服务。

三、图书馆读者服务模式的发展

进入21世纪以来，人们越来越强烈地感受到这个时代的信息化特征。社会的信息化迅速地改变着世界的每一个角落，而我们工作于其中的高校图书馆更是首当其冲地面对着信息革命的挑战。蕴藏着丰富信息的现代图书馆将如何加大信息资源的开发力度，为学校的教学、科研，为社会的进步、经济的发展提供高质量、高水平、高效率的文献信息服务，是摆在高校图书馆面前的严峻课题。解决这一问题的根本出路在于大胆地改变传统观念，加大投入，深化改革，更新观念，开拓思路，勇敢地开拓出一条适合21世纪高校的图书馆读者服务模式，使高校图书馆在文献信息网络的市场竞争中立于不败之地。

（一）更新观念，加大高校图书馆读者服务工作的比重

在我国高校图书馆读者服务工作的体系中，读者服务部门被称为"一线岗位"、图书馆的"重要窗口"，尽管理论上强调其重要性，但因为人们一直认为它的业务工作仅仅停留在"看门守摊""借借还还"的层次上，最多是解答一些简单的咨询问题，没有高深的研究与技术，因而被当成年轻人过渡，老、弱、病、残疗养的地方，而采访编目部门被看成业务性较强的岗位，不论是人员的配置，还是职称的分配、人员的培训等都可以看出这一特点。因此很多图书馆都是以文献一级加工为主，只注重编制书目，即以揭示一次文献信息为主，这种工作方式已不适应时代的需要，若21世纪高校图书馆的服务工作仍停留在只注重传统的基础性水平上，必将被时代所淘汰。因此把认为"图书馆信息加工就是编目"的传统观念变为"按需开展信息研究"的观念，将图书馆的工作重点转向到为读者做"情报中介人"和"信息导航员"上，根据各层次读者的各种信息需求来提供有价值的信息。只有这样，才能充分发挥图书馆收藏的各种文献信息方面的优势，进行深层次的信息加工，更有效地发挥高校图书馆文献资源的作用。

（二）开拓高校图书馆读者服务模式

1.开展多方位、多层次、多功能、网络化的文献服务

21世纪，高校图书馆文献信息服务的发展重点应是以"需求"为导向，

以"效益"为目标，人们的信息意识愈来愈强，因此多方位、多层次、多功能、网络化的信息服务不能仅仅是传统的外借、阅览、复制、二次文献服务和参考咨询服务，时代要求我们不断拓展思路，突破传统的文献信息服务范围，因此，高校图书馆应根据馆藏特色开展音像视听、多媒体阅览、光盘联网及互联网检索等多样化的信息服务工作。

2.加强深入调研，拓宽沟通信息供需渠道，开展高层次的信息服务

21世纪的高校图书馆必须利用一切可利用的途径开展更高层次的信息服务才能跟上时代的需求。图书馆的信息人员要深入到读者中去，了解用户的信息需求，以便产生用户所需的信息产品。如果不随时掌握用户的信息需求，仅凭主观想象或仅凭一两次对某些读者的了解去定专题，发推荐单，或坐在图书馆里等待用户上门，工作是搞不好的。仔细分析一下，当前高校图书馆文献资源利用率低，信息用户对图书馆的信息需求量不大的主要原因，就在于图书馆和信息用户之间缺乏沟通、缺乏了解，许多用户有信息需求而却不知如何利用图书馆，而图书馆丰富的信息又不能充分发挥其作用，这样大量的隐性信息用户就在图书馆的大门外徘徊。要把隐性信息用户变成显性信息需求用户，把他们吸引到图书馆来，就应在高校图书馆服务人员中组织一批精兵强将，在了解信息用户需求的基础上，有目的地深入到读者中去，在向读者大力宣传图书馆职能，介绍图书馆馆藏情况、业务范围、服务功能的同时，更加深入有关部门进行文献需求的调研，特别是对国家的重点科研项目和学校的重点学科进行自始至终的跟踪服务，将点点滴滴的、分散的信息最大限度地集中起来，加以认真地分析、鉴别，进行归纳整理，最终以综述、评述、题录、专题信息报告等形式提供给读者，并根据本馆特色信息产品，在信息用户与图书馆之间建立起一座信息供需的桥梁，让图书馆蕴藏的丰富信息资源不断输送到信息需求者的手中，使高校图书馆在市场竞争中立于不败之地。

3.高校图书馆要直接参与学校的教学和科研工作，深化读者服务工作

高校图书馆直接参与学校的教学和科研工作，就是说我们图书馆人走出馆门，融入校园，变被动服务为主动服务，变静态服务为动态服务，充分利用馆藏资源来最大限度地满足读者的求知需要。参与，是高校图书馆信息工作者沟通信息源与用户需求的最有效方式。因此，要搞好参与服务工作，应从以下几方面入手。

（1）参加教学准备

要提高信息工作为教学改革服务的质量，就要深入、细致地了解全校的教学计划及内容，一是要与教务部门和各系的教学业务管理部门建立起经常化的联系制度，参与教学计划的制定，提前掌握课程安排情况；二是与德育部门联系，掌握每学期的政治学习、思想教育的中心任务；三是要参加学校的教学研究活动，了解指导思想及教学重点与难点。掌握上述情况后，及时分析研究，确定学年或学期的信息服务的重点，制定出提供专题资料、重点论文索引及教学参考书等方面的详细计划。

（2）参与具体的教学活动

为使全校师生充分利用馆藏信息资源，必须向读者灌输信息意识，在开展"图书馆简介""怎样利用图书馆"等为内容的新生入学教育及"文献检索知识"教学的基础上充分利用图书馆这一学术场所，组织校内外专家学者就有关热点理论问题向有关学生做报告，还可以参加学生及研究生的毕业论文答辩会等，以深入了解读者对信息的需求。

（3）参与科研活动

在为科研服务的过程中，不应消极等待读者上门索取，而是真正地深入到科研工作者中去，和他们打成一片，沟通思想，相互交流，采取协作、合作的方式参与学校制定学术规划和课题选定等工作，开展定题服务。另外，高校图书馆还可以选派业务骨干直接参与科研工作，承担部分科研工作，以便充分了解读者对信息的需求情况。

知识经济时代的到来，既给图书馆带来了严峻的挑战，也给图书馆带来了新的发展机遇。只要我们抓住机遇，采取得当的对策，则高校图书馆读者服务工作将会以崭新的姿态展现在信息用户面前。

第二节　知识服务理念下图书馆读者服务工作的转变和深化

图书馆知识服务是随着知识时代的到来而发展起来的服务。随着行业结构变化和服务业的发展，图书馆知识服务具有自己的独特性，但也有服务的一般特点。如何更新观念，改变传统的读者服务模式，拓宽服务领域，深化服务层次，充分运用现代化的手段全方位高效率地为读者服务，是图书馆读者服务工作需要探讨的问题之一。

一、知识服务理念下高校图书馆的特征

知识经济的到来使高等教育发生了巨大的变化，为高校教学、科研服务的高校图书馆也必将为适应这一变化而出现新的特点。

（一）信息资源建设将向综合性发展

过去的高校图书馆主要为本校的重点专业服务，文献资源多集中在与本校重点专业相关的学科领域。但由于知识经济时代要求高校培养知识面宽的高素质通才，人文科学和自然科学相关专业的学生除学好本专业知识外，均要互相学习对方的专业知识。因而，图书馆的信息资源也要为适应这一变化而采取新的对策。

（二）服务对象向社会发展

目前高校图书馆均满足于服务于本校范围内的教师和学生读者。由于未来的高等教育将会全面向全社会开放，各种年龄、各个阶层的个体都有机会接受高等教育。而这些个体也必然要成为其就读学校的文献信息资源的利用者，他们虽然不一定住在学校，但也不可否认，他们应成为高校图书馆的服务对象。

（三）文献信息载体电子化、数字化程度将不断加强

由于信息技术的不断发展和完善，更由于全文数字化信息处理技术的发展，各种文献以电子化、数字化形式出版，而且这种新型文献载体不仅节省存贮空间，方便读者调用和阅读，而且还具有相当强大的检索功能，方便读者在阅读的同时进行各种研究。

（四）高校图书馆之间的协作将更加紧密

高校图书馆由于经费困难，越来越难以承受不断上涨的文献价格，贮存

文献的空间也日见吃紧。尽管电子化、数字化文献的出现使高校图书馆看到了一线生机，但从目前的现实情况看，新型载体文献的价格使任何一家图书馆都难以将自己所需的文献收集齐全。过去，图书馆的馆际协作由于空间、时间的限制，基本上是空谈，真正实现馆际协作的图书馆为数甚少。但网络技术的发展，图书馆电子化、数字化文献的不断增加，使得各馆之间的合作成为可能。这样，在一个地区范围内，可以预先进行专业分工，由各成员馆分别收藏与其服务重点学科最密切的专业文献，各馆都可以不受时空约束，通过网络使用对方的文献信息。

（五）高校图书馆向开放型、虚拟化方向发展

由于高等教育的大众化、普及化、远程化和虚拟化，高校图书馆也将更加开放，数字化程度将不断提高，为方便远在千万里之外的学生使用本校图书馆的信息资源，图书馆也必须将自己拥有的信息送上国际互联网络。读者不论身在何处，只要表明自己的合法身份，就能进入图书馆服务系统，获取所需信息。

二、知识服务理念下读者服务工作模式与内容

（一）知识服务的初级模式与内容

初级的知识服务模式重点在知识的创新与使用，即在图书馆传统信息服务的基础上，对现有信息资源进行整合，对知识内容进行创造性加工，形成价值提升的新产品。而知识的利用是指服务机构针对用户需求加工出的知识产品被用户使用的过程。

（二）知识服务的高级模式与内容

高级的知识服务模式是对初级知识服务的一种完善。它是在初级模式的基础上对知识产品的更新过程，利用用户反馈信息对知识产品进行修正、改进。这个阶段的服务强调知识产品应用过程中读者的评价，以期改进和更新，这体现了知识服务的延续性。知识服务进行到高级阶段将知识服务完善到知识更新，通常不仅要求高校图书馆拥有一支知识型的馆员团队，而且更要有一个完善的知识服务流程体系，建立一套用户反馈评价机制，来保证知识服务高质量运行。高级知识服务作为一种比较完善的服务模式，是知识服务发展的最终方向。

三、知识服务理念下图书馆读者服务工作的转变与深化

高校图书馆具有丰富的馆藏文献信息资源，又有广泛固定的读者群，其本身就是知识存储和传播的部门，因此，在图书馆管理的各个领域都需要不断地创新与发展，才能满足读者的需求。

（一）转变管理理念，更新管理模式

高校图书馆要适应知识创新和未来图书馆事业发展的需要，首先要进行管理理念的转变。图书馆由于组织形式不一样，管理的方法也是多种多样的，但可以肯定，面对迅速进行着结构性变化和飞速发展的时代，图书馆必须进行改革。改革，就是革故鼎新，改革的过程就是理论创新、体制创新、管理创新，这就要求我们的观念、思路体制和管理等都要与时俱进。创新贵

在新，一个优秀的图书馆管理者，必须具有敏锐的观察力，具有很强的接受能力，要善于思考，勇于探索，树立新观念，认识新事物，解决新问题。只有不断的改革，才能实现图书馆管理的创新。高校图书馆管理的重点必须由信息管理转向知识管理，信息管理是使数据转化为信息，并使信息为特定组织设定的目标服务，而知识管理是将组织可得到的各种来源的信息转化为知识，并将知识与人联系起来，使信息转化为知识，通过知识共享，运用集体的智慧来提高特定组织的应变能力和创新能力。

（二）调整知识的结构和传播方式

进入21世纪后，随着电子图书、电子期刊、全文数据库和网络出版物的大量出现，图书、期刊等印刷型信息不再是图书馆知识的主体，多元化的知识载体将大量涌向图书馆，所以高校图书馆要加强对电子资源和各种形式的网络资源的收集和开发，提供多元化、多层次的电子化、网络化信息服务，满足读者对电子信息的需求。同时，随着网络技术的发展，图书馆要立足于高起点，着眼于网络化，要运用网络技术实现知识管理，把网络技术与知识管理结合起来，要本着"合作建库、资源共享、共同发展"的原则，建立起各高校图书馆之间的交流与合作，使知识共享变得更加容易，更有成效。同时还可以在多个馆之间进行合作，建立联合编目、协作采购和馆际互借，实现图书馆间的知识和能力的互补，建立信息资源共享体系。

（三）调整图书馆内部人员结构，提高人员素质

知识管理的直接目标是知识创新。高校图书馆实现知识管理，其目的就是通过不断的创新，改进图书馆的服务，力求做到使图书馆的知识以最佳的服务方式提供给最恰当的读者。当前，图书馆员的主体作用显得尤其重要，图书馆的一切工作、服务和精神都要通过馆员得以实现，图书馆员应是知识的导航员，他们既要懂信息技术，又要懂专业知识，其素质要向专业化、多

样化方向发展。因此，图书馆需要调整内部人员结构和引进竞争机制，图书馆员要立即行动起来，通过终身教育来重整和再塑自身的知识形象，调整知识结构，只有这样才能使图书馆员成为名副其实的信息专家。目前许多高校正在实行定编定岗、竞争上岗的人事制度改革，其目的是优化部门的结构设置和人员组合，使每个人都能发挥自己的价值，形成激励机制。激励机制是高效工作的催化剂，是人事制度改革的有效措施，是促进馆员保持良好的工作状态，帮助馆员积极掌握工作技能，从而提高服务质量的一个有力措施。

21世纪是以广泛利用信息为主要目标，以快速传播和交流信息为基本特征的信息化社会，各种信息服务的方式将应运而生。高校图书馆只有紧跟时代的步伐，在图书馆管理中实施新的管理模式，才有助于提高图书馆为教学科研服务的效率，有助于提高馆员的素质，从而有助于提高图书馆在信息化社会中的竞争力。

第三节　高校图书馆的知识服务概述

知识的积累与传承是人类进步最根本的动力。图书馆是现代社会信息交流与传播的重要阵地，是知识传播和利用的重要场所。在不远的将来，那种依赖于馆藏物理文献而展开的服务将在一定程度上淡出信息服务的舞台，代之以全新的基于文献虚拟馆藏的注重知识吸收和利用、以帮助用户提高解决实际问题能力为目的的知识服务。

高校图书馆知识服务，需要学校领导及图书馆全体员工，突破传统思想观念，创新建设发展理念并着力达成共识；需要图书馆充分结合学校的办学特色、优势和自身条件，树立正确的服务定位；需要图书馆建立健全相匹配的组织机构、人才队伍、管理模式、配套制度等常态化运行保障机制；需要图书馆积极培育塑造自身的服务品牌和特色，不断提升服务的竞争力。

一、高校图书馆知识服务的认识

结合图书馆的功能变革与转型，以确立知识服务定位，树立现代知识服务观念，是图书馆实现知识服务可持续转型发展的关键。当前新型文化体制、新型市场经济、新型信息技术、创新型国家和学习社会的建设发展形势，促使不同层次的不同用户都对知识有着强烈的需求，高校图书馆知识服务社会化拓展是转型环境下图书馆社会功能和社会价值的重要体现。

早在21世纪初，教育部颁发的《普通高等学校图书馆规程（修订）》就对高校图书馆面向社会提供文献信息和技术咨询服务提出政策导向，然而推进十分缓慢，其中传统观念、本位意识的束缚禁锢是主要的制约因素之一。我国各大高校图书馆立足解放思想、更新观念、拓展思路，着力思想层面的根本性转变，认识到高校图书馆知识服务社会化拓展对其服务学校教学科研职能具有积极促进作用。形式多样的社会化知识服务的开展，一方面促进图书馆与企业、社会等多方面的联系合作，有利于加强高校图书馆信息资源的完善与特色资源的建设；另一方面，有利于跟踪社会用户的信息需求，搭建学校科技成果与企业技术需求对接的平台，促进学校学科科研成果的转化；同时，也有利于促使馆员的被动服务意识根本性改变，专业服务能力极大提升，专业人才和技术团队的培养，实现能力水平的多重跨越，切实提升图书馆反哺校内学科化知识服务的核心竞争力。

二、高校图书馆知识服务定位

知识服务是一种用户需求驱动的服务方式，针对知识服务的社会用户对象及服务需求内容，高校图书馆社会化知识服务可定位于政府知识库、企业智囊团、社会教育中心三个层面。

（一）政府知识库

政府信息需求具有时效性、客观性、全面性及准确性等特点，图书馆可通过加强共建合作，对政府某一特需层面的信息资源进行挖掘整合、集成优化，构建获取便捷、针对性、深层次、全面化的信息资源与知识服务平台；发挥专业优势，开展专题研究服务，为政府宏观决策和微观管理提供参考借鉴。

（二）企业智囊团

信息情报是企业所需的重要资源，信息情报的开发和利用是企业的核心竞争力。图书馆应积极发挥图书情报的生产力作用，参与和融入企业用户的技术创新、产品研发、成果转换、市场营销等过程，为企业建立科技信息知识服务平台，为企业提供定制化、个性化、深层次的情报知识服务，为企业的自主创新、竞争发展提供有力支撑。

（三）社会教育中心

高校图书馆作为信息资源的重要集散地、优秀先进文化的教育传播主阵地，应与公共图书馆共同担负起"启迪民智，普及教育"的职能，通过搭建实体与虚拟相结合的自主学习平台，开放多载体的丰富学习资源，提供形式多样的素质教育和知识服务等方式，切实满足全民阅读、终身学习、提升素质的社会公众信息知识需求。

三、高校图书馆知识服务的拓展与深化

高校图书馆应结合自身的发展特点与优势，不断探索实践知识服务的拓展与创新，积极开展为学校事业发展、企业科技创新、政府决策咨询和地方社会发展等多层面的知识服务。

（一）为学校事业发展服务

1.开展多层次的信息与文化素质培养

（1）新生主体的信息素质培养。高校图书馆在每年新生入学的金秋时节可以举办"叩响知识之门"文献资源利用服务月，包含信息资源、图情服务两大主题，采用专题讲座、现场咨询和检索大赛等多种形式，是图书馆新生入馆教育和大学生信息素质教育的重要组成部分。

（2）研究生主体的信息素质培养。围绕"遵守学术道德，提高信息素养"主题，图书馆可以联合校研究生院每年举办"信息与科技"研究生系列讲座，针对性地提高研究生在选题、开题、论文写作、专利申请、文献管理等方面的信息获取与利用能力。

（3）服务学校国际化发展战略的人才素质培养。高校图书馆可以通过联合学校国际合作与交流处、海外教育学院等部门，邀请外籍教师为大学生介绍国际名校的优秀视频课程，将国外著名大学顶尖学者的视频公开课引入第二课堂，拓展大学生国际视野；邀请新东方学校知名教师，开办"新东方学习讲堂"，扩展学生的知识面，提高学生的外语能力与水平。

2.依托机构知识库开展学科知识与科研管理服务

信息技术的发展驱动促使平台服务成为现代图书馆一种很重要的服务模式。高校图书馆可以通过搭建融资源共建共享、科研团队协同创新、师生自主自助学习于一体的个性化服务平台，学科馆员通过学科服务平台嵌入重点学科团队的教学、科研环境，从学科团队的研究方向、研究领域、研究热点以及学科发展前沿等方面提供个性化信息知识服务。此外，为了给广大师生用户提供更为便捷和多元的一站式服务，高校图书馆可以将搭建的机构知识库系统与个性化服务平台建立有效关联，使高校的机构知识库实现可集中存储和分类展现学校的论文、专利、学位论文、教材、笔记、软件等科研教学成果；可为师生提供论文收录引用通知、期刊订阅、实验记录管理、笔记管理、论文写作助手等个人科研助理服务；可为管理人员提供成果统计、重要成果自动检测、报表自动形成等科研管理服务；可为科研学科团队提供团队资源的积累、分享与团队成员的交流、协作服务。

3.开展学科竞争力的分析评估

基本科学指标数据库（Essential Science Indicators，ESI）已成为学术界、科技管理机构较为重视与信赖的计量评价数据库，高校图书馆在为教育厅提供高校ESI学科分析评估服务的同时，还可以着力于数据挖掘运用的精、广、深度，面向学校开展学科竞争力、学科"诊断"等多层面的深入分析，为学校确立研究性大学目标提供情报支持，为学校潜势学科发展对策提供决策参考。

（二）为企业科技创新服务

1.结合学校的特色和优势，定位面向中小企业

图书馆以学校工科特色的教学研究型综合性大学办学定位为主导，明确面向中小企业服务的定位方向；以学校高新技术企业孵化基地建设为服务载体，积极拓展企业服务发展空间；以学校高水平的专业人才资源为坚强后盾，建立了覆盖学校相关专业与学科的知识服务专家咨询队伍。

2.服务切入点与落脚点，扶持中小企业科技创新

中小企业普遍面临着技术咨询服务缺乏、信息交流不畅等科技创新能力不足的现实问题。高校图书馆的实体机构科技信息研究所作为校企合作的平台之一，可大大提高高校科技成果的转化率，同时能提供全方位的科技信息知识服务，促进中小企业科技创新能力的提升。

3.开拓信息知识服务项目，树立服务特色和品牌

图书馆立足企业自主创新能力提升和科技情报信息需求，不断拓展服务项目与服务领域。提供企业科技查新、情报咨询、成果转化与项目代理、专利分析与利用、知识产权贯标、数字化资源建设等多元化、多层次的信息知识服务项目，同时也在科技查新服务、知识产权服务以及数字化资源建设等方面积极培育自身的服务特色与品牌服务产品。

图书馆在服务校内科技查新基础上，可以以企业为主体，以市场为导向拓展科技查新服务，并且可以通过自主开发科技查新管理系统，从查新委托、查新审核、缴费等全流程加强管理，依托建立专职、兼职、辅助（学校招募培训的各个学科专业博士生、硕士生）三级查新队伍提升服务效能；及时把握国家和地区推进知识产权战略机遇，积极拓展知识产权服务，为企业进行专利挖掘并代理专利申报，为企业进行专利查新、国外失效专利的分析与利用，提供企业的知识产权管理规范服务；从数字化资源建设层面支撑企业情报资源，开发面向全球市场的企业竞争情报系统、面向产业转型和产品研发的专题数据库。

（三）为政府决策咨询服务

1.馆所合作模式提供行业决策咨询

共建合作模式是高校图书馆与其他单位或团体合作以共建方式开展服

务，双方通过优势互补，实现资源共享与合作共赢。图书馆可以与科技情报研究所展开全方位的双向交流合作，互派人员进行情报学的学位进修或实战演练，开展人才资源和数字资源的互补共享，面向政府提供馆所合作的创新集成信息知识服务，为相关部门提供行业决策咨询分析。

2.发挥学科专业优势，提供学科分析评估

图书馆依托建立的图书情报与档案管理学科点的专业优势，拓展文献计量在学科评估方向的理论与应用研究，立足国际、国内、省内多方位，从国际影响力、优势学科贡献度等多角度观测评价高校学科发展，为高校优势学科的建设与评估、学校的学科发展与科研管理提供决策参考依据。

（四）为地方社会发展服务

1.构建地区文献资源共享体系，服务社会公众需求

本着共建共享共知、以完善公共文化服务体系，促进学习型城市构建的服务理念，高校图书馆牵头联合地区的高校图书馆、公共图书馆与社区图书馆开通了地区文献信息资源共享体。市民在任何一个联合馆办理借书证后，即可免费借阅联合馆的图书、阅览报刊，利用共享体平台提供的"一站式"检索、跨区间的网上预约、通借通还、高效快捷的文献传递、联合参考咨询服务。

2.搭建地方知识服务平台，服务地方科技创新发展

公共信息服务平台的建设是服务型政府重点推行的一项工作，图书馆主动参与融入地方科技公共服务平台的建设体系中，为地方政府机构搭建区域性、集成性、专业性的科技创新服务平台。如建立整合新兴行业专利信息数据的公共科技信息服务平台、整合重点产业的专利信息数据的科技信息服务平台，这些平台可以有效地推动地方经济发展和企业科技创新。

第四节 高校图书馆知识服务的创新发展研究

知识服务创新是知识服务馆员在长期服务实践过程中积累的先进经验，加以科学的总结，以创新性思维突破陈旧的观念，创造出新思想、新方法；是在不断变化的读者需求和不断更新的新技术环境下，以新的思维方式来创造新的服务方式。知识服务创新首先是思维创新，就是在传统的服务方式上强化"以人为本"的服务理念，培养社会化服务观念，引进竞争服务机制，以新的技术能力、新的服务模式、新的知识产品来取得知识服务的主导地位。

一、高校图书馆知识服务创新的基础

（一）人才

知识服务理念下要求图书馆人才拥有的知识不是一般的知识，而是能适应、服务社会经济大发展的知识资源。在瞬息万变的网络和社会环境中，图书馆相关员的专业知识和商业技能是必须经过客观规划和培训的。在图书馆员职业的培养中，图书馆需要重点培养知识和其他技能，尤其是计算机和网络技能外语等相关学科，特别重视图书馆员"情商"的培养，提高他们的适应能力和沟通能力，使他们真正成为图书馆的导师和知识带头人，成为多功能的图书馆人才。这足以满足图书馆的发展，更好地适应现代图书馆建设和发展的需要。

（二）资源

高校图书馆知识服务是建立在具有深厚、丰富的知识资源基础之上的，这也是高校图书馆为读者提供知识服务的最基本的物质条件。知识经济时代，知识是经济的发展所依赖的最重要的资源，它所起到的作用甚至超过了土地和资本等。在知识经济时代，谁掌握着更多的知识和技术，谁就能在经济发展中占领经济发展制高点，掌握时代发展的话语权。可以说，知识资源可以作为衡量一个国家综合实力强弱的重要因素，其占有量和利用率的高低决定了一个国家发展的水平和程度。高校图书馆的知识服务将是基于多样化的、动态的知识资源载体系统中的服务。在长期的积淀和发展中，被人们看作人类知识宝库的图书情报机构，积累保存着人类几千年文化科学知识的结晶，它所包含的知识资源的丰富性、系统性、连续性和完整性是其他知识文化机构无法比拟的，它独具服务于社会经济的知识资源优势，丰富的知识资源恰恰为图书情报机构的服务创新奠定了坚实的物质基础。

人们对知识和信息的需求是对来自服务提供者的某些类型的知识和信息的需求。应该指出的是，现代社会对知识和信息的需求正在增加，需要越来越多的社会信息部门。在获取知识和信息源方面，与其他数据部门相比，图书馆是知识和信息的收集和传播机构。因此，图书馆应更加重视信息资源的收集和积累。只有这样，我们才能满足知识经济中对知识和信息快速增长的需求。

在知识经济时代，知识与信息成为驱动经济发展的主要动力，社会信息需求急剧增加。这就要求图书馆应当根据社会发展的需要，协调各学科信息资源收藏结构和比例，以适应多元化的信息需求。同时，不同层次、不同类型的用户所需要的信息资源在类型、内容上都会存在很多不同之处，这就必须根据信息资源内容的深浅层次划分出不同层次的收藏级别，建立合理的馆藏信息资源结构。

（三）技术

知识服务是基于知识信息资源数字化建设、网络数据存储检索与传播体系、知识信息组织整合平台、知识仓库管理和发布系统、知识信息计量评价系统和数据库生产基地建设等方面的大服务体系，要促进这个大体系的良性发展和创新，需要建立一个知识服务的逻辑框架和协调机制，需要一个创新的技术基础。技术创新的内容有知识审计服务、知识组构服务、知识检索与链接服务、知识发布与交流服务、知识技术支持服务等。图书情报机构的知识服务是以满足用户需求为目标，通过一系列的方法技术来实现的。技术创新是知识服务永远具有活力的动力。加快图书馆信息化、自动化建设，建立知识服务网络平台，是图书馆服务创新的技术基础。

目前来说，高校图书馆硬件设施非常到位，但在软件技术方面还存在许多不足，如无法准确向读者传递知识和信息等。图书馆应当以数字网络为依托，对数据库内容做进一步揭示，构建图书馆知识服务平台，实现真正意义上的资源信息共享。要让读者可以随时了解图书馆概况、馆藏资源及服务内容等信息，并且通过网上图书馆方便地查询所需的资料，使得网络环境下的图书馆更具吸引力。

二、高校图书馆知识服务创新的内容

知识服务的创新主要表现在理念的创新、技术的创新、服务手段和方式的创新等方面。

（一）理念创新

图书馆理念创新，把知识化服务放在首位。服务是贯穿图书馆发展的主线，是图书馆的核心价值观。图书馆现代化发展的最终目的就是提供更好的服务。高校图书馆始终把服务放在第一位，坚持"以人为本，读者至上"，给读者更多的对知识资源和服务方式的自由选择权利和自由选择空间，让每位读者的人格、个性、兴趣都能得到尊重，为吸引读者、服务读者创造舒服自由的学习空间，并应把服务质量作为评价馆员工作业绩的指标之一。

（二）技术创新

在信息飞速发展的今天，无论图书馆有多大，都需要积极寻求合作与资源共享，利用各种渠道与资源来丰富与扩充馆藏，否则，图书馆的道路就会越走越窄。读者、信息和电子网络促进和加强了图书馆之间的交流和协作，从文件访谈到更新的文件审查、从集中交易到联合交易、从目录检索到完整数据检索、从馆际互借到资源共享，图书馆的基本业务都可以通过网络技术进行。在信息时代背景下，图书馆的知识服务充分利用计算机网络技术和信息技术，实现图书知识数字化、网络化的发展趋势明显。

由于现代科学技术的飞速发展，图书馆利用信息技术作为技术创新的工具，以获取、检索、整合和文献资源的形式提供必要的文献资源。这些资源可以归该图书馆或其他图书馆所有。现代科学技术的发展为文献资源的交流奠定了坚实的基础。高效、快速地共享文档信息是现代图书馆的基本特征。只有不断调整服务策略以满足用户的需求，加强库存资源的打造，才能吸引更多的用户，巩固自己的主宰地位。

（三）服务手段和方式的创新

1.实施知识管理

实施知识管理是图书馆知识服务创新的一种重要手段和方式。

图书馆知识管理的主要对象是知识。图书馆知识主要包含显性知识和隐性知识两个部分。显性知识主要是指能存储在纸张等传统介质上的文档、报告等信息资源，图书馆显性知识的特点是便于整理、存贮、传递和分享。图书馆隐性知识主要是以图书馆员工，图书馆用户，与图书馆有关的各类协会团队、部门和小组等个体和组织为载体的无形知识。这些知识是图书馆知识管理中最重要的内容，它以隐性知识的发现、挖掘、传播、共享和利用等为基础，实现知识创新和知识价值的最大化。它可以是从图书馆内部获取的隐性知识，也可以是个人或组织从图书馆外部获取的隐性知识。

2.提升个性化服务

图书馆个性化知识服务主要由咨询馆员来承担。咨询馆员利用自身的专业素质解决用户的实际问题，所以要经常和读者沟通，如研究阅览中心咨询馆员经常承担用户的课题和问题，咨询馆员要对光顾本室读者进行分析，归纳出读者类型，然后就该类读者的具体问题及反馈意见进行交流，总结出所需资源的特点，最后协助读者查找到所需要的信息。在这一系列知识服务过程中，馆员已经融入用户决策过程中。由于研究阅览中心的定位就是为读者提供高水平的知识服务，所以咨询馆员在资源整合和信息深度的挖掘方面要下一定的工夫，以协助读者很好地解决疑难问题，受到读者的肯定。

3.有形服务与无形服务相结合

图书馆服务从形式上可以分为有形服务和无形服务。有形服务包括服务设施、接触服务（办证、借书等）、信息咨询等。无形服务主要是知识的组织、管理和评价，为客户提供适当、及时的知识。与咨询、医疗业相比，图书馆服务过程可控性较强，服务结果易于评价，但知识范围宽广，知识组织难度大。因此，加强图书馆服务管理首先是强化服务意识，要走出去，主动与企业联系，了解用户的需求；其次是要建立标准化的服务流程，采用各种管理手段保证有形和无形服务的质量；当然，最重要的还是要修炼"内功"，把知识组织搞好。

针对有形服务，可以运用服务运作管理理论和方法。比如，服务管理中提高服务质量的服务程序、建立与客户之间的沟通渠道、慎重选择和训练与客户接触的服务人员、消除客户的风险顾虑等，这些方法可以帮助我们从客户角度出发，有效改善服务流程，提高服务效果。

以往图书馆也强调"读者至上"，但由于其管理的粗放性，对人员、流程的要求都是比较粗略的，因此难免产生这样那样的问题。比如，客户服务要求"不要把顾客晾在一边（及时响应客户）""假设客户总是对的""使客户尽可能方便"，如果这些要求能实施下去，那么就不会出现某些借阅、咨询服务中的扯皮、吵架现象。

针对无形服务，推行知识管理和储备广、博、精、专的技术人才是关键。人在知识管理中处于核心地位，在知识经济时代，人的聪明才智将成为最有价值的财富。图书馆应特别重视员工的职业培训与终身教育，创造一种催人奋进的学习氛围，从而实现知识创新的目的。

三、高校图书馆知识服务创新的对策

（一）建设发展支撑平台

知识服务是以用户为中心，提供知识产品，满足用户需求和知识增值为目标的创新服务，进一步深化与拓展知识服务对于图书馆的服务理念、资源、技术、人才与能力等方面都有着更高的要求。高校图书馆要结合自身的转型方向与特色优势，来确立知识服务定位、建立发展理念共识，可通过采用自主自建模式、合作共建模式等途径，积极搭建一些丰富完善资源、吸引培养人才、锻炼实践能力、拓展社会服务的发展平台。例如，江苏大学图书馆积极开拓创新，成为"JALIS镜像服务站"，设立"教育部科技查新工作站"，拥有图书情报档案一级学科硕士学位授予权，创办了图书馆学、情报学、档案学学术刊物《图书情报研究》，成为"江苏省教育厅评估中心"，成立了"镇江市亿百特信息服务有限公司"，建立了"信息行为分析实验室"，使"多元化、深层次、全方位"知识服务开展具有坚实的载体。

（二）健全优化组织机构

传统图书馆的组织机构体系并不能适应现代知识服务的有效开展，重组优化组织机构，是增强知识服务运行组织保障的基础。高校图书馆要打破传统图书馆以资源为载体的业务流程、岗位设置和部门设置的建设思路，采用以服务为主导、以需求为牵引进行业务工作流程重构、组织机构优化重组，将有利于进一步细化、强化、拓展图书馆的服务功能。例如，江苏大学图书馆近年来根据不同阶段的发展特点，进行了两次机构重组，新设立了学科服务部与特藏服务部，科技信息研究所作为服务研究与开展的实体专业部门，下设有教研室、编辑部、信息行为分析实验室、科技查新站、镇江市亿百特信息服务公司等二级组织机构，形成融"产学研服"为一体的新格局；学科服务部根据服务的对象与重点，下设有ESI学科评估分析、信息素质教育培训、个性化学科服务等系列专项工作小组。

（三）加强管理体制改革

知识服务是一种新的服务理念和服务方式，在传统图书馆的管理与分配体制束缚下，全面推进尤其是深化拓展存在较大难度，高校图书馆要加强管理体制深化改革，建立科学的管理模式和有效的激励机制。高校图书馆要将开拓性、创新性知识服务工作作为重点工程（如个性化服务体系工程、社会服务工程等）进行长期建设，通过实行项目化运行管理与考核，层层细化分解目标任务，量化考核指标，落实到部门、责任到个人；加强过程管理，制作项目作战图，实时监控与督查协调；建立重实绩、重贡献、重考核的分配机制，充分调动馆员的工作积极性、全面激发馆员的工作潜力。

（四）加强人才队伍建设

知识服务对其实施主体馆员的综合素质和知识结构具有较高要求，目前许多图书馆员的个人能力还难以真正嵌入到用户的知识需求中，去开展深层次、拓展性的知识服务，加强人才队伍建设至关重要。高校图书馆可采取引进和培养相结合的方针，优化馆员的学历和专业结构；针对新知识、新技术、新理论加强岗位培训和管理考核，通过科学的、长期的在职培训，全面提高馆员的综合素质。高校图书馆可以以图书情报档案一级学科点的建设为平台带动人才结构优化，引进博士生、硕士生，培养硕士生，其专业背景涉及多个学科领域；注重加强科技信息服务能力培训；充分整合利用校内多方优势人力资源，形成专家咨询队伍、服务合作队伍、服务辅助队伍等多支知识服务团队；采用市场磨砺到课堂实践的培养途径，将馆员推向社会打拼磨炼，全面提升服务能力，反哺教研学科服务，取得良好成效。

（五）强化知识管理

知识管理主要可以分为三部分：知识组织（或知识表示）、知识挖掘、知识评价。现在的数字图书馆建设主要是在知识挖掘上有一定进展，知识组织仍沿用传统知识分类方法，这对将来解决应用问题有不利影响。

知识组织是为促使或实现主观知识客观化和客观知识主观化而对知识客体所进行的诸如整理、加工、引导、揭示、控制等一系列组织化过程及其方法。其目标在于对知识进行整序和提供，通过数据仓库技术、元数据技术建立知识库，利用网络技术、群件技术建立共享的、便于传播的知识库。

知识组织在图书馆的应用要注意解决以下两个问题：

其一，知识在不同层次的表述。在知识咨询服务中，客户的问题可能是模糊的，需要咨询人员首先进行知识体系的辨识和分解。一般可以分为三个层次：应用问题或交叉学科；行业或专业问题；具体理论、方法、事实知识单元。

图书馆的知识数据库应具有这些层次性，这一点《中国知识资源总库》做了一些先导性的工作，可供参考。它将知识划分为三个层次：①基本信息层，包括书、报、刊等出版物，博硕士论文等非出版物，图片、音频、视频、网络信息资源等各类源信息的数据库。②知识仓库层，根据各行各业知识需求定制的专业知识库。③知识元数据库层，知识单元构成的数据库。包括数值型知识元库、理论与方法型知识元库、事实型知识元库。

与之相关的、传统的图书资料分类方法与数据库条件下的知识分类方法以及高校学科专业分类方法均不相同，甚至图书馆自身也有《中图法》《科图法》《人大法》之分，这阻碍了知识的传播与共享。图书馆要实现知识服务的市场化，其知识分类方法必须有所改变。

其二，馆际知识信息资源的共建共享。加强馆间的合作，大力发展专业图书馆和特色图书馆，有利于集中有限的资金搞建设，也方便客户借阅和查询。这也是图书馆数字化建设的一个主要方面。

知识挖掘也称知识加工分析技术，是对知识隐含内容、内在联系的挖掘，又可分为主题分析（例如自动生成摘要）、领域分析、信息分析等，主要采用知识挖掘、知识发现、专家系统的技术。知识挖掘是现在解决信息爆炸、提取重要信息的主要技术。

知识评价是对知识价值、应用情况等的评价技术，是知识增值服务的重要一环，但需要现代信息技术和大量资金作为其统计基础。知识评价是图书馆知识管理具有一定优势的部分，试想如果用户查询的文献后附有该文献的引用率、借阅率等信息，他就可以马上判断出该文献的学术或经济价值，从而节省用户大量的时间并方便他做出决策。此外，对于希望了解行业或专业知识的客户，经典图书或文献的推荐，以及对图书进行入门、中阶、高阶的划分将会是极受欢迎的。具体做法上可以借鉴亚马逊网上书店等的做法。当然图书馆的评价应该是客观的，最好能依据数据统计，以免引起争议。

综上所述，知识经济和信息化社会的时代，图书馆的管理必须适应时代的要求，面向知识服务，加强知识管理，重组业务流程，开拓新的经营模式，走改革创新之路。

第二章

高校图书馆文化建设与创新研究

　　图书馆是人类传统文化的集散地，是人类智慧与现代科技信息交流与碰撞的平台，是现代人向祖先请教与学习的时光隧道。高校图书馆是大学生的老师，不同年级、不同专业的学生都可以在图书馆里找到他们需要的文化知识与信息。图书馆的产生和发展源于文化，同时又为发展文化服务，并在长期的生存和发展过程中形成了自己特有的文化。

第一节　图书馆文化概述

一、图书馆文化的定义

高校图书馆具有传承文化的作用，对学生的思想意识、行为道德的引导和熏陶是以"润物细无声"的方式进行的，不易引起学生的逆反心理。"图书馆文化"一词是由美国的图书馆管理学者率先提出的，我国的"图书馆文化"研究在20世纪90年代开始起步并迅速兴起，近年来，随着对图书馆文化研究的不断深入，可以将其定义概括为社会文化的表现形式，是一个复合的整体。其中包括人们对图书馆系统的态度、情感、信仰、价值观，以及人们所普遍遵循的图书馆习惯和传统习性，即图书馆意识形态和图书馆心理两方面。也就是说，图书馆文化是指图书馆文献情报活动中形成的为全体图书馆工作人员特有的价值观点、管理思想和服务思想、思维方式、行为准则、社会心理等文化现象的总和。

二、图书馆文化的本质

人是文化的主体，是人在物质生产过程中创造了文化。这就说明文化的第一本质是"以人为本"。从"主体人"的假设，我们也可以推断出人应当也是图书馆文化的主体，是创造和维护图书馆文化的主体。

（一）文化氛围说

这种观点认为，图书馆文化是指图书馆全体职工在共同的工作、生活中形成的一种文化氛围，这种文化氛围包括由人类的图书馆活动或其产物中的形态、风格、色彩、特征、特性、范围及其所包含的知识、技术、艺术等要素而共同产生的一种（包括凝聚力、创造力、影响力等在内的）综合力。图书馆文化是一种氛围，是一种综合力。

（二）精神现象说

这种说法认为，图书馆文化是指图书馆在长期为读者服务的管理活动过程中，在一定的社会历史环境下逐渐形成的一种独特的价值观、行为方式、管理作风、图书馆精神、道德规范、发展目标和思想意识等因素的总和。它集中体现了图书馆的精神风貌和理论水平，是以物质为载体的各种精神现象，是图书馆的"意识形态"。

（三）管理学属性说

这种说法主要是从图书馆文化理论诞生的原因和图书馆文化的运用过程

来认定的。图书馆文化诞生后，各图书馆都是在日常的管理实践中，以图书馆文化指导管理行为，塑造图书馆的整体形象，培育图书馆人的群体意识、价值观念和行为准则，这些明显的管理特征将图书馆文化定位于管理学范畴。

（四）亚文化形态说

这种说法认为，图书馆文化作为一种文化形态是社会文化的一个有机组成部分，是整个社会文化系统的一个子系统，具有大文化的共性和亚文化特征。图书馆文化是图书馆在长期发展过程中，受政治、经济和社会文化等环境综合作用而逐步形成的，其最重要的职能即提高全体图书馆成员的综合文化素养，即建立共同遵守和信仰的，维系或推动图书馆生存或发展的，具有图书馆特色的事业信仰、战略意识、经营哲学、价值观念、思维方式、伦理意识、美学水平等，是指导从事文献信息工作者工作的哲学体系。

以上的各种说法从不同的角度阐述了图书馆文化的本质，不存在什么矛盾，也没有正确与错误之分。任何事物都具有现象和本质两个方面，都是现象和本质的统一，图书馆文化也是如此。只看到图书馆文化的现象，就只能罗列现象和整理现象，对图书馆文化的认识就只能停留在表层，而对事物本质的认识必须透过现象看本质。从图书馆文化的产生和发展、传承和积累，以及这些活动所取得的客体化成果，就是文化的本质。而人是文化活动的主体，凡是历史和现实中可以称之为文化的东西，都是文化创造主体人的本质。①

---

① 焦青.高校图书馆文化建设研究[M].北京：中国商务出版社，2018.

第二节　高校图书馆文化的作用与建设

一、高校图书馆文化的作用

高校图书馆是一个组织，其组织功能的发挥对图书馆的发展是至关重要的，因此，要通过研究，促进其组织正功能的发挥，将负功能的影响降到最低。图书馆丰富的文化内涵决定其承载了多种功能，推动图书馆的发展。

（一）引导功能

高校图书馆文化作为上层建筑和一种意识形态，必然会在培育和形成人的价值观念、道德取向、心理行为等方面产生巨大的影响。这就是高校图书馆文化的导向功能。

任何一个图书馆都有发展目标、管理决策，都是在一定的价值理念，即图书馆哲学、价值观、图书馆精神等高校图书馆文化指导下进行的。发展目标、管理决策的正确确立和贯彻实施，还取决于整个图书馆的精神状态和文化氛围。正确的发展目标和管理决策，既能使图书馆活动保持正确的方向，又能使图书馆充满活力和生机。

高校图书馆文化对图书馆发展的指导，会受到社会的、传统的文化影响和制约。因此，在一定的社会环境和社会条件下，图书馆领导人怎样运用高校图书馆文化，确定发展目标和管理决策，是非常重要的。总之，高校图书馆文化对图书馆活动的指导，一定要把握图书馆发展的方向，从图书馆的实际出发，以明确的哲学思想，果断作出把图书馆活动引向实现既定目标的管理决策。

高校图书馆文化的导向功能是为了把员工引到确定的目标方向上来。第一，高校图书馆文化能够规定图书馆的行为价值取向，形成图书馆所崇尚的价值观。通过图书馆整体的价值取向和行为规范来引导馆员个体的心理、性格、价值取向和行为方式，把员工引到正确的目标方向上来。第二，高校图书馆文化可以指导图书馆的行动目标，由此引导图书馆前进。高校图书馆文化在形成和发展过程中，经过培植潜移默化地强化了馆员的主体角色意识、群体和个体共融意识、进取意识、改革开放意识、竞争意识、创新意识、自我成才意识等，使每一位馆员能自觉地去感觉、去思维、去决定什么该做及什么不该做，为图书馆与员工的发展提供精神动力、理论指导和智力支持。第三，高校图书馆文化还确定了图书馆规章制度，并以此作为图书馆员工日常基本行为的规范，从而将员工引到正确的轨道上来。第四，高校图书馆文化的导向功能还表现在对读者个体的行为导向上。

例如，近年来大学生对社会问题和政治问题表现出来的深切关注，对高科技经济的参与显现出的极大热情等，就是高校"潜课程"文化导向的体现。因而图书馆应主动把握这种导向功能，开展多项文化活动，如文化讲座、阅读征文等，来引导读者健康阅读，陶冶读者情操。

（二）激励功能

高校图书馆文化的一个核心点就是重视人，把图书馆员看作具有多种需要的"复杂人"，并力图在图书馆管理过程中满足员工的多种需求，进而达到调动员工工作积极性、主动性和创造性的目的。也就是说个体的观念往往通过群体的气氛得以形成，通过群体中所有成员的言行得以表现。同时，表彰成绩突出者，以激励更多的人自觉参与到图书馆活动中来。高校图书馆文化的激励功能还表现在其对读者的激励上。

高校图书馆文化激励功能的发挥是以确立人的主体地位为基础的。人的主体地位的确立和良好的民主氛围的形成，能够唤起蕴藏于人心深处的创造欲望，建立起深刻的认同感、归属感和成就感，使每一位员工有为组织生存和发展充分展示才华、展示能力、展示价值的机会。由于体制的原因，图书馆部分员工在工作中不求上进，不思进取，得过且过。要想改变这一现状，图书馆就必须完善激励机制，积极调动员工的积极性，充分发挥员工的潜能，使员工的各项工作都处于最佳状态。

（三）规范功能

高校图书馆文化是一种不成文的约束，对图书馆和员工的思想、行为具有约束功能。高校图书馆文化会形成一整套成文或不成文的约定俗成的馆规、馆纪、馆风、馆貌、人际关系或各项规章制度等，这些对馆员的思想、感情、行为、举止产生潜移默化的作用。同时，高校图书馆文化建设又通过微妙的文化渗透和图书馆精神的激励与感染，形成一种约束倾向，成为员工的无形准则。无形准则具有对每个员工的思想和行为起软约束作用的约束功能。因此说高校图书馆文化的约束功能，实际上是图书馆员工实行自我控制的一种无形的约束，是一种有效的管理方式。

高校图书馆文化包括职业道德规范和社会公德，伦理道德规范的约束作用是一种"软约束"。例如：树立"以人为本、读者至上"的服务理念，对读者要满腔热忱，对同事则严于律己，对外部精诚合作，以理念约束行为；树立"藏用结合"的藏书理念，一方面爱护文献，一方面要积极开发利用信息资源；将服务用语、服务礼仪编成"馆操"，使每个成员将道德准则化为一种自觉行为等，使职业道德成为每个成员的一种自觉和本能。因为约束功能的发挥，主要依靠人的主观意识来实现，只有图书馆重视了人才战略，将员工的才智、员工的全面发展和员工自我价值的实现放在首位，才能将图书馆的约束功能发挥到极致。

（四）协调功能

高校图书馆文化如同一条纽带，向内能够连接馆员，引导和调适员工的文化生活，并通过开展各种文化娱乐活动，增进员工间的友谊与和谐，沟通员工的情感，从而协调员工间的人际关系，使员工在工作中保持共同的价值取向、思维方式和行为模式，促进馆员间的交流与协作。对外能够协调图书馆与社会的关系，使图书馆的发展目标、方向和行为与社会的发展方向和要求和谐一致，尽可能地从社会中获取图书馆发展所需要的各种资源和支持，为图书馆的发展服务，并承担着对外树立图书馆形象的使命。高校图书馆文化协调功能的充分发挥，丰富了校园文化的内涵，加速了实现校园信息化的进程。

在高校图书馆内部，图书馆文化的协调功能，是指高校图书馆文化注重文化因素对图书馆员工心理上的影响，强调从文化角度来教育和感染员工。成熟的高校图书馆文化还具有协调图书馆的组织方式、疏通上下级沟通渠道、协调好图书馆部门之间关系和分配图书馆内部的物质等功能，从而消除部门之间、各图书馆之间在知识共享、业务协同等方面的矛盾和冲突。

高校图书馆文化之所以具有内部协调功能，是因为高校图书馆文化的形成使员工有了明确的价值观念和理想追求，对很多问题的认识趋于一致。这样可以增强他们之间的相互信任、交流和沟通，使图书馆内部的各项活动更加协调。而图书馆群体中每一个员工之间的关系，是通过高校图书馆文化所具有的共同价值观念，在其间起相互协调作用，才使员工之间在图书馆活动中，具有共同的价值取向和行为取向，存在共同思想、共同信念、共同语言，取得一致行动，如此才有利于克服困难，减少摩擦、沟通思想、互递信息，协调相互之间的关系，建立良好的人际关系，达到相互信赖、密切合作，形成团结和谐的气氛。

高校图书馆的社会责任主要是培养师生获取信息的能力，提升师生的综合素质，面向社会传播科学知识，促使广大社会用户对知识的求索、应用、创新，这是社会文化在高校的表征化、具体化、显现化，同时，校园文化与高校图书馆文化又具备同一性，相辅相成，对高校图书馆事业的可持续发展有着重要的促进作用。因而，校园文化的建设和健康发展就是高校图书馆必须自觉回应、自觉承担的社会责任，责无旁贷，使之更好地服务于中国特色社会主义的建设。

学者把高校图书馆文化的这种对外协调功能表述为适应功能，但高校图书馆文化的对外功能不仅仅是被动地适应，优良的高校图书馆文化在对外关系中除了适应外部环境外，还表现为主动进取和积极协调的功能，特别是与读者的关系。图书馆一向重视读者工作，重视在读者中树立图书馆的良好形象，高校图书馆文化建设，可以使图书馆尽可能地调整自己的服务策略，以适应读者的情绪，满足读者不断变化的需求，跟上社会前进的步伐，保证图书馆与社会、与读者之间不会出现裂痕和脱节。同时，通过服务机制的实施，实现知识、观念、信息等文化的社会性传播。高校图书馆文化对内可以协调各分支机构、各部门以及员工之间的关系，通过对社会价值观的倡导、服务行为规范的确立和文化氛围的形成，来影响和约束员工与读者群体达成观念共识和行为一致，使图书馆内部的资源——馆藏资源、时间资源、精神资源、人力资源与财力资源等得到最有效的配置，使图书馆员工在图书馆活动中，相互学习、相互帮助、相互支持，取长补短，共同提高素质。

《普通高等学校图书馆规程》第三条指出，图书馆的主要职能是教育职能和信息服务职能。图书馆应充分发挥其协调作用，促进高校更好地发挥在人才培养、科学研究、社会服务和文化传承创新中的作用。

二、高校图书馆文化的建设

研究者们一般把高校图书馆文化分为四个相互联系、相互制约的层面，分别是精神文化层面、制度文化层面、管理文化层面和服务文化层面。

（一）高校图书馆精神文化塑造与建设

图书馆精神文化就存在于图书馆的意识和行为之中，并通过图书馆实践活动反映出来。它是图书馆组织和图书馆工作人员追求的最大目标，也是判断图书馆组织与外部环境之间、组织高校图书馆文化建设与创新内部人际关系的根本标准。同图书馆文化的其他要素相比，处于支配地位，是图书馆组织一切图书馆活动的总原则，也是图书馆组织进行总体设计、信息选择的综合方法。高校图书馆价值观可分为核心价值观和非核心价值观。核心价值观是有关高校图书馆生存的核心理念，而非核心价值观是指可以根据高校图书馆战略进行调整的理念。

人文文化氛围是高校图书馆的精神核心，反映出高校图书馆的文化内涵。墙面文化建设是图书馆文化建设的一部分，可以设置"文化活动墙"，开展古典文化、文艺作品、图书馆活动展示等，主题根据本校的专业特点、教学理念来设定；在阅览室内和走廊适当设置绿色植物，为馆内增加一道绿色的风景，凸显高校图书馆青春、向上的内涵，让读者在阅读之余得到感官上的放松；大学生群体思想活跃、乐于交流，图书馆可以通过在墙面上设置交流栏来为学生们提供交流的空间，也可以设置专门的区域，鼓励学生们多学习、多思考、多交流，营造高校图书馆包容、开放、充满活力的人文氛围和学术氛围。

如今，高校图书馆开展的阅读推广活动已经成为图书馆文化建设的重要组成部分，它是文化"硬环境"与"软环境"建设并举的重要举措。通过举办校园读书节等阅读推广活动，建立"文化志愿者协会"及"读书会"等学生社团，充分调动学生的主动性、创造性，让学生们不仅成为阅读推广活动的参与者，更要成为活动的组织者；通过阅读推广活动，馆员可以与学生进行近距离的有效交流，在互动中了解学生对图书馆的期望，改进图书馆的各项服务工作；通过阅读推广活动案例整合文化"硬环境"建设的素材，阅读推广活动的案例和活动精彩瞬间可以制作成展板在馆内陈列，丰富图书馆文化的内容，使之成为一条靓丽的风景线。

（二）高校图书馆制度文化建设

高校图书馆的制度是高校图书馆及馆员共同的行为规范，也是高校图书馆维护正常工作秩序，营造一种激励高校图书馆员积极向上、主动敬业的文化氛围，以凝聚馆员的力量，实现高校图书馆目标的基本手段。它既是高校图书馆的价值观、道德规范、经营哲学的反映，也是高校图书馆管理科学化的体现。它对馆员和读者价值观念、行为准则的形成，起着十分重要的作用，对每个馆员和读者都具有习德、励志、笃行的约束作用。

为了应对新时期下的新要求，高校图书馆应结合自身的管理现状，在本馆的制度建设工作中切实做到与时俱进，必要时敢于突破常规，不断完善和创新管理制度。

首先，图书馆的制度文化发展直接反映着图书馆管理文化的发展程度，图书馆人应进一步明确为教学科研提供文献信息保障的作用，在进行制度文化建设时坚持以人为本，切实考虑到读者的需求，将读者的需求与图书馆发展紧密结合到一起。其次，数字化信息时代的到来，使图书馆事业的发展突飞猛进。文献载体的更新、管理手段的更新，使得传统的图书馆制度已经不能完全满足当代图书馆发展的需要，如庞大的数字资源如何科学管理与运用，新设备、新系统如何引入图书馆管理中等。在这种情况下，不能再固守陈旧地用"老办法"去解决"新事情"，而是要紧跟时代的步伐，让制度文化建设与时俱进紧跟高校图书馆发展的脚步，运用科学的制度来管理现代化的图书馆。

总体来说，要以人为本，以方便读者、引导读者，按照以读者为中心的原则来改革和建设适合时代要求和读者需求的有关制度，不断提高高校图书馆文化建设水平。

（三）高校图书馆管理文化建设

一旦建立起高校图书馆的正确使命，确定了高校图书馆的短期、中期和长期目标，高校图书馆的发展战略也就得以确立，高校图书馆文化建设的最终目标，是实施这些发展战略。以读者为导向的高校图书馆战略管理成功的关键在于如何发挥组织变革从而取得成功，这取决于是否具有主动变革能力的高校图书馆组织，也取决于高校图书馆馆员能否在高校图书馆事业的前景问题上达成一致，最好的方式就是规划共同愿景。

图书馆管理工作的提升能够有效发挥图书馆的基本职能，新时期，图书馆管理人员自身应不断更新管理观念，更新知识体系，不断完善和提高自身综合素养，适应新时期管理与服务工作的新要求。

首先，高校图书馆馆员有着两重身份，既是管理者，也是服务者。提高馆员的服务水平，最重要的就是要树立好服务意识，为读者服务，为学校的教学水平、科研实力的不断提高服务。其次，高校图书馆服务的对象为教职工及大学生读者，文化素质水平普遍较高，在为读者提供借阅、咨询服务，特别是提供课题查新、学术信息情报搜集等服务时，对馆员自身的文化和业务素质水平要求更高。图书馆馆员应该不断提高自身的综合素质，更好地胜任新时期图书馆的各项工作。再次，通过定期开展馆员业务培训、馆际学习交流考察、举办业务知识竞赛、鼓励学术研究等方法，不断提高馆员的业务工作能力。与此同时要不断完善管理制度，引入奖惩机制，激励馆员在业务上乐于创新、勇于争先。

高校图书馆在今后的管理文化建设过程中，更加注重系统性，对所投入的人力、财力与物力认真统筹协调，按适当比例合理分配，协调发展。加强学习，增多交流，积极组织部分管理人员参加相应的图书馆管理培训会，通过专业化的培训，不断改进管理理念。用奖惩结合的方式来规范馆员的服务态度，实行每周一评或每月一评的馆员综合考核评价制度，将每位馆员的岗位信息放到图书馆官网和宣传栏中，让所有读者在网上投票系统为他们的服务表现情况打分，根据最终的分数情况给予对应奖惩。每学期召开几次系统的读者培训会，全面提升读者综合素质，培养读者的集体意识，让规则意识在每位读者心灵深处"生根发芽"，使他们懂得换位思考、关心他人，能自觉保持图书馆的书香氛围和安静环境。

在信息时代的今天，师生员工对信息的需求越来越迫切，这就促使图书馆必须顺应社会外部环境和学校内部环境的新要求，提高文献信息的利用率，优化资源配置，实行资源共享，向读者提供更优质的服务，从而提高我们的工作效率和生活质量。及时、科学的考核督导是推动高校图书馆发挥文化功能的重要推动力量，足够的保障供给是推动高校图书馆发挥文化功能的基础性条件。因此，为了更好发挥高校图书馆的文化功能，高校务必要注重从考核督导与保障供给上入手，针对文化强国对图书馆文化功能发挥的考核要求与保障要求，注重考核的指标完善与创新，健全考核督导机制和体系；注重从人力、物力、财力等方面夯实保障供给，维护图书馆文化功能正常发挥所需要的基础性条件，以此满足图书馆文化功能发挥的基本条件。

（四）高校图书馆服务文化建设

新时期，科技进步促使人们的生活方式发生着巨大改变，给图书馆事业发展提供了新的机遇，同时也提出了新的挑战。

首先，图书馆文化建设是以完善图书馆文化为目的的一系列建设，涉及图书馆发展的各个方面，对高校图书馆、图书馆馆员、学生读者、教职工的发展、高校教学水平的提高以及高校形象的树立都有重大意义。

其次，互联网、大数据、人工智能迅猛发展，让互联网载体可以随时随地为师生读者们提供阅读服务。高校图书馆的功能不再仅仅是收集、处理、保存图书，而是要不断创新管理模式，结合当代信息化技术的发展需求，构建数字化、信息化、智能化、现代化的知识服务体系。

再次，最新颁布的《普通高等学校图书馆规程》中明确指出：图书馆的主要职能是教育职能和信息服务职能，图书馆应充分发挥在学校人才培养、科学研究、社会服务和文化传承创新中的作用。特别对于高校图书馆来说，年轻化、高知化的读者群体，专业性、科研性的阅读需求，都对图书馆的资源储备、服务模式提出了更高的要求。

新时期的到来带来了服务模式的转变，图书馆要在保证基础服务功能的同时，不断提高管理人员的业务素质和服务水平，不断推进图书馆工作信息化、数字化和智能化建设的进程。

新时期，信息化、智能化建设成为高校图书馆发展的必然选择，读者需要图书馆提供更加个性化、多样化的服务。图书馆应不断改善整体阅读环境，以读者的使用需求为出发点，实施馆舍空间功能再造，满足读者个性化、多样化的阅读体验；应实现纸质资源与电子资源的同步建设，进一步丰富馆藏资源，保障教学科研工作的顺利开展；应引进智能化设备、科学化管理系统等软硬件，提升图书馆的信息化、智能化办馆水平。

高校图书馆服务文化是指全体馆员在工作、学习、娱乐及为读者提供服务等过程中所产生的活动文化，如高校图书馆运营、教育宣传、人际关系活动、文娱体育活动等。它是高校图书馆运营作风、精神面貌、人际关系的动态体现，也是高校图书馆精神、高校图书馆价值观的折射，是高校图书馆的显性文化。一个高校图书馆文化建设的好坏，第一印象就是高校图书馆的行为文化，高校图书馆的行为文化中，最显性的当属服务文化，高校图书馆服务是高校图书馆永恒的主题，建设好服务文化，就建设好了高校图书馆的行为文化，一切行为文化以服务文化为基础。

高校图书馆馆员是图书馆服务文化的主要践行者，也是图书馆文化发展的传承人。图书馆文化建设对图书馆人来说，也是一次系统而完善的精神建设。图书馆馆员应进一步明确自身使命，不断明确自身的责任，培养爱馆、强馆的意识；应进一步提升业务素质，通过不断学习更新专业知识，进一步提高服务能力，更好地了解读者需求，为读者提供全方位的服务。

在市场经济中，营销是处理竞争最重要的武器。高校图书馆通过形象营销，不仅可以巩固其在信息社会中的信息保存和信息提供的地位与作用，用丰富的信息资源和完美的信息服务与产品将那些不再愿意利用高校图书馆的用户吸引回来，同时吸引大量的潜在用户变为高校图书馆的现实用户，为高校图书馆的自身发展赢得更大的空间。

随着多媒体在宣传领域的推广和应用，校内外读者对涉及图书馆宣传的资讯和信息拥有了新需求，例如：底色优美的幻灯片、版式新奇的宣传栏、字体多变的电子显示屏。品质优良、形式多样的宣传媒介，对正处于探索热情高涨、求知激情迸发阶段的高校学生拥有极好的宣传效果，因他们思路新颖、观念开放而更容易被新型社交媒体吸引。面对当前的这种状况，图书馆应努力推进现代传媒手段与宣传推广过程的深度融合，不断提升图书馆信息资讯传播效率，改善传播效果。

　　高校图书馆通过规范有序的服务文化建设，推进馆藏资源的深入挖掘、高效开发和合理运用，为本区域的社会读者提供品质优良的图书信息服务，使种类多样，数量庞大的电子资源和纸质文献，更符合社会读者日益增长的图书信息需求。高校图书馆作为校园文化建设的主要阵地，它的藏书结构、建筑外观、内部装饰布局、工作态度与精神面貌都与校园总体的文化氛围息息相关。校园文化建设对学风、教学质量和核心竞争力会产生潜移默化的影响。建设优质的高校图书馆文化，积极营造舒适、多元的科研环境，为师生收集和掌握前沿学术信息和创新成果提供了便利，有利于科研平台的高效运行，提升了新知识的运用率，有利于师生深化研究对象，拓展研究空间，提升科研能力。

第三节　高校图书馆文化的创新研究

　　创新是时代的呼唤、现实的要求，也是高校图书馆求生存发展的必由之路。作为高校图书馆发展本源的高校图书馆文化更是需要不断创新，唯有不断创新的高校图书馆文化，才是有生命力的文化。

　　高校图书馆文化创新，是指为了使高校图书馆的发展与环境相匹配，根据本身的性质和特点形成体现高校图书馆共同价值观的高校图书馆文化，并不断以提高高校图书馆文化绩效为目标进行高校图书馆文化的创新和发展的活动与过程。人的活动是受人的思想理念支配的，人同其他动物以及生物的区别就在于，人是有思想的，行为都应当是合理的，如果想要人的行为都具有合理性，首先要从思想层面上进行建设。

一、创新与读者的交流方式

如今，学生们获取知识过于依赖网络，往往很少能够静下心来阅读经典著作，做学问时容易产生浮躁心理，甚至会受到网络上某些错误思想影响，产生意识形态上的偏差。随着当代大学生到馆查阅文献资料人数的逐渐减少，图书馆的功能正在逐渐退化为自习室，海量资源闲置，没有得到充分利用。对此，图书馆应充分发挥教育职能作用，加强学生上网习惯的监管，引导学生树立正确的世界观、人生观、价值观，弘扬传递正能量。同时，要积极引导学生读者回归图书馆，充分利用好图书馆庞大的学习资源，养成良好的自主学习习惯，在学习中实现自我完善和发展。

高校图书馆可以开展专题培训，提升馆员与读者的沟通能力，在交流过程中及时掌握读者的兴趣点和关注点，对读者提出的关于图书馆文化发展的建议及时梳理，深入研究，迅速落实。让馆员逐渐转变角色定位，使他们充分认识到，与读者互动是优质服务的核心构成要素，从要我与读者交流转变为我要与读者交流，主动走出图书馆，走进读者群中，向他们推荐优质馆藏资源，让自己在服务读者过程中充分实现自身价值，并将读者反馈的信息汇总、分析，对读者的多样化的灵感去粗取精，为图书馆开展多元文化建设提供可靠的借鉴方案。同时，在图书馆内开辟专区，供馆员和读者互动交流，定期开展一系列馆员与读者互动的活动，有利于每位馆员提升与读者的沟通能力，更好地了解读者的阅读需求，掌握读者的心理特征，以及深化读者对图书馆文化的认识和领悟提供平台。充分挖掘读者协会在高校图书馆文化建设中的作用和潜能，提升读者协会的专业化水平，提高图书馆内综合文化素养，并擅长组织各类读者活动的馆员担任读者协会会长，定期由学院安排资深教授到图书馆开展专题读书报告会，为读者推介新书。强化读者协会与其他高校学生社团的互动，将不同类型的社团文化中可以补充运用于图书馆的文化元素融合凝聚到图书馆文化体系的建构中来，使图书馆的文化吸引力能满足不同类型学生的多样化需求，不断健全读者协会的组织架构，完善规章制度，提升服务水平，努力建构平等和谐的馆员读者关系，让他们相互学习，共同成长，使他们以主人翁的姿态自觉投入到图书馆文化建设中。

二、创新高校图书馆学习氛围

优秀的高校图书馆文化倡导终身学习，将学习作为丰富发展文化的基本条件。因此学习型组织与高校图书馆文化是密切相关的，在知识经济已经成为潮流的当今时代，人类知识总量是成百倍、成千倍增长的，一个人在学校里学到的东西只能占到走入社会所需要知识的10%左右，还有90%需要在职场上通过再教育和再学习来实现。"学习、学习、再学习"，是知识经济时代人们生存不被社会淘汰的座右铭。"活到老，学到老"不再是一句口号，而是一件实实在在的事，学得越多，就越能了解到自己的无知。因而，一个人不能保持永恒的卓越，只有不断地学习，才能拥有旺盛的生命力。

高校图书馆组织学习就是高校图书馆形成一定的体制来鼓励个人学习及其学习行动，将个体学习与高校图书馆整体行动有机地结合起来，营造一个良好的学习氛围来提升个体学习的热情，开展高校图书馆培训活动来帮助个体学习等。根据学习型高校图书馆的模式组织创新高校图书馆服务，通过建立共同愿景和改善思维模式的修炼，使高校图书馆员的个人价值和高校图书馆的目标、价值整合在一起。以创建学习型高校图书馆作为高校图书馆文化创新的新目标，将使高校图书馆建设进入可持续发展的轨道。

三、创新高校图书馆文化机制

新型高校图书馆文化体系的基本模式就是要确立多维文化观和综合发展

机制。现代高校图书馆要建立"全方位开放式，高效率为社会各界提供优质信息服务"的价值系统和物质信息技术、行为方式、制度体系和意识形态有机构成的高校图书馆文化系统，以现代高校图书馆价值观念的塑造和培育为核心，以由表及里的现代高校图书馆物质文化、行为文化、制度文化和精神文化建设为内容结构，彼此之间有机结合，互为条件、互为目的形成一个古今融合、中外互补和以改革求发展的具有创新功能的充满活力的高校图书馆文化发展机制。要保证这种高校图书馆文化机制的生机和活力，就必须在继承优良传统的基础上进行创新，不断地优化和完善这种机制。

四、利用现代技术，拓展图书馆的服务创新

图书馆的特色服务是建立在文献信息资源和人力资源充分开发、合理配置的基础上，以某种独特服务方式，对特定的读者对象开展的优质、高效的具有创新意义的服务，密切结合读者的需要，提高服务的深度和广度。多层次、多渠道地发展图书馆的业务，使特色服务深入读者群体当中，在更新服务模式的基础上，拓展特色服务的范围，从而实现信息服务向知识服务的转化过程。图书馆的服务要紧紧围绕读者的需求，及时更新服务的方式和内容，才能适应发展的需要。

五、加强高校图书馆物质文化建设

优雅舒适的环境可以为读者带来愉悦的阅读体验。高校图书馆在进行馆舍建设和改造时，应当注重将图书馆的文化属性与大学生的青春活力有机结合在一起，并且加入符合本学校专业特色、人文特色、建筑特色的元素；大

学生群体充满活力和创造性，为了满足他们对阅读环境的多样化要求，图书馆在美化馆舍的过程中可以选用不拘一格的设计风格，并根据藏书内容进行主题分类与区域划分，打造舒适休闲区、交流分享区、新书传递区等，满足读者对于阅览空间多样化的需求，使图书馆的形象更具亲和力。

馆藏文献资源是图书馆"安身立命"的根本。图书馆的文献信息资源建设应紧密围绕学校本科教育教学及人才培养目标，既要突出本校馆藏特色，又要确保馆藏资源的稳定与健全，为学校本科教育教学提供可靠的文献信息资源服务保障。切实践行"以本为本"，做好文献信息资源建设，做到突出本校学科专业馆藏特色，保障类目丰富多彩；实施专业靶向采购，确保资源精准增长；按需制定采购复本量，调整各类图书馆藏量；纸电资源协调发展，构建合理的馆藏结构。[①]

六、重视以网络为代表的现代媒体的作用

应积极筹建弘扬多元文化的视听档案资料，规范视听档案资料的选取、收集、整理等工作；积极构建数字化图书馆，加大弱势文化文献的数字化水平和进程；培养图书馆员的文化多元市场体系、改善宏观管理、转变政府职能等关键环节，全面推动文化体制改革，创新体制机制，推动形成有利于出精品、出效益的文化发展环境。

---

① 焦青.高校图书馆文化建设研究[M].北京：中国商务出版社，2018.

第三章

高校图书馆信息服务创新研究

高校图书馆肩负着学校教学、科研信息源和知识库的功能，在网络和信息高度发达的今天，高校的图书馆已不能再仅仅满足于图书借阅和资料查询功能。如何充分利用现有条件，充分发挥学校的网络和信息资源，构建学校教学与科研信息服务、实践训练平台，探索新媒体环境下高校图书馆信息服务的新模式，提高高校图书馆在学校人才培养、科学研究和服务社会等方面的服务功能，具有重要的现实意义。

第一节　高校图书馆信息资源概述

"信息资源"（information resources）是图书馆界信息资源建设领域最基本的概念之一，是信息资源采访的直接对象。它是随着国外20世纪70年代信息资源管理（information resources management）理论的兴起而产生的，在我国则是在20世纪80年代中期以后才开始流行。

图书馆信息资源是指图书馆存储的或者通过图书馆间接获取的可利用的信息集合。信息资源的类型多种多样，但不是所有的信息资源类型都属于图书馆的建设范围，如大多数图书馆的馆藏较少涉及体载信息资源、非公开信息资源、实物信息资源等类型。

一、高校图书馆信息资源的特性

信息技术和网络信息资源的出现，给高校图书馆的自下而上发展空间带来了新的契机。在知识经济时代，社会生产对知识的需求越来越强烈。图书馆信息资源从满足书刊借阅的文献需求为主，转移到以满足知识信息需求、开发服务为主要功能的模式。网络环境下高校图书馆信息资源的主要特点如下。

（一）开放式

高校图书馆开始突破围墙，跳出固定场所，主动接触社会，摆脱了传统文献处理的限制，面向网络环境进行信息的采集、加工、组织、服务，以新的方式组织、控制、选择、传播信息，建立了辐射型的开放信息收集与服务系统。例如国家图书馆利用网络环境和设施，扩大读者范围和领域，在电子阅览室开展各项网络信息服务，每天上网浏览图书的读者已达50~60万人次，是每天来馆读书的读者的几十倍。

（二）针对性

随着社会的发展，信息社会的建立，高校图书馆开始冲破传统信息服务模式，紧密地结合社会需求，提供有特色、有针对性的信息资源，不断提高读者的满意率。高校图书馆以用户为中心，需要什么就提供什么，摒弃单个、重复、被动、琐碎的手工服务，开展信息的深加工，如代查、代检索、代翻译、代办手续、代复制、联机检索、光盘检索、联机目录查询、网上专题信息服务等。提供信息源的范围和载体更加广泛。图书馆从文献资料的收藏者和服务者，转变为信息产品的生产者、开发者和提供者。

（三）个性化

信息用户的个体需求存在很大的差异，在张扬个性的现代社会，人们希望不再受限于标准化或套餐式的服务方式，而是可以随时组合各种不同的服务模式满足自己特定的需要。这就使得高校图书馆信息资源必须个性化。从一定程度上来说，个性化图书馆信息资源的核心就是个性化服务。个性化服务的开展是在充分掌握用户信息的基础之上，用户可以根据自己的需要，对两大功能模块进行操作，选择或删除需要或不需要的服务项目。同时，用户还可以根据自己的喜好对页面风格、色调进行选择，从而形成友好的个性化界面。

（四）交互式

随着互联网的普及，面对社会的信息需求，图书馆的信息资源服务已经开始走出图书馆，面向社会、面向需求、上门服务。在做好阵地服务的同时，图书馆员主动与用户联系，了解需求，采用新的交互式模式，主动为读者提供信息。

（五）集成化

在信息爆炸的当今时代，那些单一的、零散的信息内容已经不再引起人们的关注，只有把诸多分散的信息资源最大限度地深层加工、归纳、整理，使之有序化、浓缩化、精细化、专业化，成为一个信息集合体，这样才能体现出信息的真正价值，才能真正符合信息用户的需求。除了对信息资源内容的集成化需求之外，信息用户对信息类型和信息媒体也存在多样化的需求，如对信息类型的需求已不仅仅局限于文字性信息，数值型、图像性、视频型、软件型等各类信息也都受到各种类型用户的青睐。

（六）网络化

网络技术、计算机技术等高新技术的不断发展，使得图书馆的信息资源转变为开放性的、电子化的。用户在任何地方，用任何一台电脑连上网络就可以通过联系表单向服务部门表示自己的需求。

二、高校图书馆信息资源的类型

由于对高校图书馆的"信息资源"遵循定义与类型相一致的原则，以及从图书馆信息资源建设的研究和工作实际出发，本书以信息资源的载体形式和记录方式作为划分标准，从文献信息资源和网络信息资源两个方面较为系统地介绍图书馆的主要信息资源类型。

（一）文献信息资源

文献信息资源即以文献为载体的信息资源。文献信息资源是将信息知识内容以某种形式的符号记录在一定的物质载体上，并以一定形态呈现出来的物质实体。文献信息资源依据其记录方式和载体材料，可以做如下划分。

1.印刷型文献

印刷型文献是指通过石印、油印、铅印、胶印、复印等印刷方式，将知识信息内容记录在纸质载体上的一种文献形式。印刷型文献历史悠久，是图书馆物理馆藏的构成主体。

按照出版形式，印刷型文献可区分为以下类型：图书、连续出版物、特种文献以及其他零散资料。

2.刻写型文献

刻写型文献是以刻画和手工书写为手段，将知识信息内容记录在各种自然物质材料和纸张等载体上而形成的文献，包括手稿、日记、书信、会议记录、原始档案、碑刻、简策、帛书等。许多稀有和珍贵的刻写型文献是图书馆特藏的重要组成部分。

3.缩微型文献

缩微型文献是利用光学记录技术，将文献的影像缩小复制在感光材料上而制成的感光复制品。它包括缩微胶卷、缩微胶片、缩微卡片等。

4.视听型文献

视听型文献是以电磁材料为载体，以电磁波为信息符号，将声音、图像和文字记录下来的一种动态型文献。它可分为视觉资料、听觉资料和音像资料等，如唱片、录音带、录像带、电影胶片（卷）、幻灯片等。

5.机读型文献

机读型文献是将文字、声音、图像、图形等信息以数字代码方式存储在磁光、电等介质上，通过计算机或类似功能的设备阅读使用的文献。机读型文献按其存储载体可分为光盘、磁盘、磁带等类型，其中磁盘和光盘是主要的机读文献载体类型。

（二）网络信息资源

网络信息资源是指以数字化的形式将文字、图像、声音、动画等多种形式的信息存储在光、磁等非纸质载体中，并通过网络和计算机等方式再现出来的信息资源。网络信息资源具有信息量大、类型多样、动态更新快、传输效率高、传播范围广泛、获取方便快捷、共享性强、质量不一等特点，是现代图书馆馆藏非常重要的组成部分，也是信息资源建设的重要对象和发展方向。通常情况下，将网络信息资源和机读型文献合称为数字化信息资源。

随着计算机网络的发展，网络信息资源的数量日益庞大，内容纷繁庞杂，形式多种多样。依据不同的标准可将网络信息资源划分成不同的类型。

1.按照信息资源的组织管理程度划分

（1）网络数据库资源

网络数据库作为高质量的学术、商业、政府和新闻信息的重要来源，已成为网络信息资源的主体。它是图书馆数字信息资源建设的主要对象和水平标志，在现代图书馆信息资源建设中起着举足轻重的作用。

（2）其他网络信息资源

包括电子书刊和报纸、电子特种文献、站点资料、动态信息和交流信息等。

2.按照网络信息资源的生产途径和发布范围划分

（1）商用网络信息资源

商用网络信息资源也可称为正式数字出版物，由正式出版机构或数据库商出版发行，包括全文数据库、事实数值数据库、参考数据库等各类数据库，以及电子期刊、电子图书、电子报纸等。商用网络信息资源学术信息含量高，易于检索利用，出版成本高，必须购买使用权才可以使用，在数字学术信息资源中所占比例最大，是图书馆数字信息资源建设的重点。

（2）网络公开学术资源

这部分也可以说是半正式出版物，完全面向公众开放使用，包括各种学术团体、行业协会、政府机构、商业部门、教育机构等在网上正式发布的网页及其信息。包括重要学术网站资源、重要搜索引擎/分类指南、网络学术资源导航、图书馆馆藏联机公共目录（OPAC）等。

（3）网络特色资源

网络特色资源属于半正式出版物，主要基于各教育机构、政府机关、图书馆的一些特色收藏制作，在一定范围内分不同层次发行，不完全向公众发行，有时需要特别申请。如只在校园网内允许使用的教师教学课件、学位论文等。

（4）其他资源

如FTP资源、新闻组、BBS、博客、电子邮件等属于非正式出版物。

第二节　新媒体环境下的高校图书馆信息服务

目前，传统行业图书馆亟须借助互联网来创新发展，因为无论是图书馆建设还是图书馆服务的社会认可度都有待提高。尤其是对于高校图书馆而言，伴随移动技术、网络技术，数字技术等的飞跃发展，它面临着传统文献信息资源与数字化信息资源相结合的挑战；面临着广大师生用户的信息需求和信息行为的多样化、个性化的挑战；面临着周围信息环境、信息手段不断更新的挑战。

一、高校图书馆信息服务的概念

高校图书馆开展信息资源建设的基本宗旨与根本目的是为了提供更好的信息服务，高校图书馆信息服务是实现信息资源共享的方式与途径，扩展了高校图书馆的网络化、数字化信息服务的功能和作用。从20世纪末以来，信息技术驱动着图书馆的信息服务事业快速发展与完善，图书馆已经不单单是为读者提供阅读服务的场所，而是一个提供各种载体、各种体裁的信息的综合服务平台，用户在图书馆可以找到各种信息，享受更丰富、更便利的信息服务。信息资源服务，实际上是传播信息、交流信息、实现信息增值的一项活动，为满足各种用户不同的信息资源需求，图书馆利用技术方法提供的各种服务，包括用户培训、图书馆导航、文献借阅、文献传递、参考咨询、馆际互借等。

在新媒体环境下，高校图书馆应该加强信息服务理念，为用户提供内容多样、形式灵活的信息服务，了解用户的信息需求，不断创新信息资源服务的方式和手段。如果高校图书馆仍然采取传统的模式，仅向读者提供单一的阅读服务，不能够顺应时代、与时俱进，不建立多元的信息资源服务，那将会因落后于信息时代而被淘汰。经历不断发展后，要关注开展新颖、高质量学术活动，提高高校图书馆信息服务的质量。

二、新媒体环境下高校图书馆信息服务的发展

信息服务的发展水平是衡量一个高校图书馆服务水平的重要标准，也在一定程度上决定着一个高校图书馆能否真正完成"建设全校的文献信息资源体系，为教学、科研和学科建设提供文献信息保障"的任务。因此，在高校图书馆信息服务系统中合理、充分地应用新媒体技术，可以对高校图书馆的发展产生积极影响，为信息服务带来新的活力与生机。

在国内，就高校图书馆所开展的信息服务而言，理论的发展明显滞后于实践。目前国内系统介绍及阐述信息服务理论与实践的著作较少，其中又不乏两位学者以上合作的编著。与之相关的著作之前主要集中在信息服务的某一个方面，如"嵌入式信息服务""参考咨询/数字参考咨询""知识服务""案例精选"等。这些研究，是系统研究信息服务的基础，但其研究范围未能涵盖信息服务体系的全部内容、针对高校图书馆当今特定情境、用户个性化需求及变化来探讨信息服务内容、高校图书馆信息服务模式、信息服

务评价等，对于高校图书馆开展信息服务有实质性的借鉴意义，对于提升高校图书馆的服务价值具有一定的参考作用。

因此，要对当前国内外具有代表性的信息服务理论及实践成果进行梳理和深入分析，在此基础上介绍信息服务的组织机构，研究、分析和探讨信息服务用户、信息服务模式、信息服务内容、信息服务平台及信息服务绩效评价；结合新媒体环境下的高校图书馆信息服务用户需求的变化和新媒体技术的发展。

第一，构建一种新型优化的信息服务系统观。认为信息服务系统包含信息服务团队、信息服务用户、信息服务方式、信息服务内容、信息服务工具及信息服务评价等诸多要素，为整体信息服务的组织、实施、管理与研究等提供一定的借鉴；并与适应当前新媒体环境下信息环境及用户需求变化的理念、模式有机融合，切实提升信息服务能力。

第二，建立信息服务绩效评价的多维多要素评价指标体系及模型。着重介绍国内信息服务及其发展，注重理论与实践相结合；并以一种较新的视野进行信息服务绩效的多维多要素指标体系设计，探讨信息服务评价流程和方法，以测评用户对高校图书馆信息服务的满意度。对于计划或正在开展信息服务，但又苦于缺乏有效的理论、方法进行指导的高校图书馆尤其是中小高校图书馆来说，本书相对比较完整的系统化阐述将有利于信息服务工作的展开。①

第三，探讨在新媒体环境下信息服务的新进展。紧跟时代步伐，探讨在新媒体环境下，新媒体技术对信息服务用户需求、服务方式、服务内容等方面的影响。首先，先进的信息通信技术为学科馆员和用户之间搭建了一个快捷实用的互动平台，让用户与学科馆员充分互动，学科馆员依照用户对服务内容、服务方式的要求提供个性化的服务；其次，新媒体技术的发展，使得学科馆员和学科用户能够随时随地地相互分享信息资源，使得图书馆的信息服务由高校图书馆的单向推荐行为转为双方共同传播、互相分享；学科馆员进行深层次管理、组织、挖掘学科知识和资源，学科间的界限逐渐模糊，学

---

① 包华，克非，张璐.高校图书馆信息资源建设[M].北京：中国商务出版社，2019.

科发展逐渐呈现交叉化、协同化的趋势；最后，新媒体环境下的信息服务可以突破时空限制，随时随地为用户提供线上线下的文献资源和泛在化信息服务。

三、新媒体环境下高校图书馆信息服务的意义

高校图书馆信息服务发展到现阶段，它改变了图书馆原来的单向式、被动式和坐等式的传统服务模式；融入了用户的信息环境，以用户的需求为中心，充分发挥馆员在信息获取、加工、管理、分析方面的优势；提升了图书馆的整体服务水平和形象。它对用户的知识服务、高校学科建设、图书馆资源利用及自身发展都具有重要的现实意义。

第一，高校图书馆信息服务更贴近用户及其需求。高校图书馆信息服务有利于发现并满足用户真正的信息需求，它是为了满足特定用户群体的个性化信息需求而开展的深层次信息服务，服务已融入用户的数字化信息环境中。用户通过网络利用计算机或者移动通信设备可以随时随地享受高校图书馆提供的服务，使得高校图书馆信息服务不再受时间、空间和人员等因素的限制，实现了服务的泛在化；双方沟通及时有效，不再有信息的不对称，不仅极大地方便了学科用户，而且便于高校图书馆信息服务人员了解用户的真实、潜在需求，从而开展更具针对性的服务。当前，新媒体技术以及新媒体设备对人们的生活和工作产生了日益深刻的影响，基于电脑、手机、移动网络等新媒体设备的普及与广泛使用大大地提高了高校图书馆移动信息服务水平，有力地推动了高校图书馆信息化的建立和快速发展。

高校图书馆信息服务建设应该坚持以人为本的宗旨，了解用户在信息化时代的信息需求，综合运用信息技术和手段，使用户可以方便快捷地找到需要的信息，使用户可以体会到细致的、人性化的信息服务，而不应该仅仅把图书馆看作一个藏书阁，完全不考虑用户的体验与感受，使用户对图书馆产生负面的心理印象。高校图书馆信息服务具体体现在两方面。一是信息资源

本身是否丰富，信息资源介绍是否准确，信息索引是否易于查找。二是提供信息服务的方式与过程是否能够体现人文关怀，用户的体验是否良好、满意。一个高校图书馆既有丰富的馆藏资源，又能提供以人为本的信息服务，才是受用户喜爱和欢迎的图书馆。

第二，高校图书馆信息服务有利于学科建设的全面推进与发展。首先，图书馆举全馆之力，建立高校图书馆信息服务团队，为高校图书馆信息服务提供充足的人才保障，与教师、学生、研究人员保持密切联系，为科研与教学团队提供持续性的高校图书馆信息服务，重点服务学科建设的核心人员——学科带头人。其次，学科馆员在服务学科建设过程中，应在进一步整合传统资源的基础上，加强数据整合，形成实时跨库检索和元数据集中检索等资源协同服务平台；应结合现有研究资源与优势成果，与管理和决策部门主动建立联系，为新兴学科体系的构建与发展提供知识数据支撑。另外，学科馆员进行学科建设态势分析预测，为高校学科建设与人才培养提供客观、中肯和科学的依据，使图书馆对学科建设的支撑保障作用得以最大限度地发挥，势必对高校学科建设的全面推进与快速发展起到积极的促进作用。

第三，高校图书馆信息服务有利于针对个体差异提供个性化服务。任何以人为对象的系统在建设和发展过程中都必须认真对待服务对象的差异性，高校图书馆在进行移动信息服务时就需要针对个体差异提供个性化服务。加之高校图书馆信息服务人员对信息搜集、整理、加工的专业点评，会使用户更愿意使用图书馆资源。举例来说，美国的一些高校已经开始使用一种主动服务页的技术，利用事先建立好的数据库，对图书馆用户的使用作出导航，该技术可以根据用户在需求和喜好方面作出的选择为用户构建个性化的数字图书馆，这种基于个人特点和需求的、具有很强个性化的特色服务将是未来高校图书馆发展的一个重要方向。

第四，高校图书馆信息服务有利于增强高校图书馆核心竞争力，体现高校图书馆的服务价值、地位及贡献。高校图书馆信息服务是一种处于不断发展和探索中的服务模式，是一项复杂的艰巨任务，需要环境、资源、人力、组织管理、资金等各方面的准备与支持；更是一个需要长期坚持、不懈努力的过程，不能一蹴而就。高校图书馆信息服务建设需要各相关部门的同心协作，优化配置人力、物力等各方面资源。高校图书馆的主要作用在于为学科建设、科学研究、高校学生提供信息服务，只有提高信息服务水平，才能实现高校图书馆的可持续发展。此外，高校图书馆馆员应该提高自身职业素养，增长自身的学术能力和学术热情，积极参加信息化技术培训，熟练应用信息服务平台，努力提升高校图书馆信息服务质量，高校图书馆服务价值由此得到体现。

第五，开展数字图书馆服务是社会信息化的需要，数字图书馆是社会信息化发展的必然产物。20世纪80年代以来，新媒体和网络技术迅速发展，从方方面面改变了人类的生活，社会信息化的实现加速了信息产业的发展，增强了社会民众的信息意识和需求，这一切都为数字图书馆的出现创造了有利的条件，为数字图书馆开发了丰富的信息资源，大大地充实了数字图书馆的馆藏。从另一方面来看，数字图书馆的创建与推广应用也改变了民众获取信息的方式，使民众更易于获得更为丰富的信息资源，提高了民众的阅读量和阅读热情。

四、新媒体环境下高校图书馆信息服务的特征

随着移动互联网、大数据、云计算等新一代信息技术的飞速发展，新媒体环境代表一种新的社会形态，一种新型互联网思维和理念。在新媒体环境下，新媒体技术带来新的社会特征，新媒体技术增强了这些特征，更激发了每个个体的创造力，因此新媒体技术给高校图书馆带来影响和改变。

高校图书馆信息服务可以借助新媒体技术带来的技术和影响，开展新的服务。一方面，学科馆员通过虚拟空间与用户沟通、联络，为用户提供在线信息服务，利用大数据技术进行数据的处理、加工及分析；另一方面，为了精准分析用户需求，学科馆员需要进一步改变原有的思维和理念，充分开展针对性、个性化服务，提升高校图书馆信息服务层次和水平，真正地为教学科研服务，发挥更大的价值。

（一）高校图书馆信息服务的内容选择具有参与性

当前，互联网技术和通信技术不断完善，高校图书馆服务也逐渐向着移动化、智能化的方向发展，尤其是随着手机等新媒体设备的普及，基于这些新媒体设备所进行的移动服务也必然具备参与性的特点，高校图书馆的移动信息服务正在全面发展之中。用户不再是单纯的信息消费者和被服务者，而是主动参与到高校图书馆信息服务的行为过程，自主选择要求的服务内容，并与学科馆员保持交流沟通和反馈，使得双方信息对称，以体现高校图书馆信息服务的个性化、针对性和持续性。

（二）高校图书馆信息服务的组织架构具有体系性

在开展信息化服务以前，高校图书馆的主要功能仅限于收藏和借阅服务，读者有信息需要只能通过单一的索引去图书馆查找。在新媒体环境下，高校图书馆不仅完善了已有的服务功能，还创新发展了信息服务。高校图书馆信息服务需要建立系统的组织架构，基础层、网络层和应用层三个层次共同组成了高校图书馆信息服务的组织架构，具体内容包括信息源、信息渠道、信息内容、信息载体与形式以及目标受众等多个组织服务部门，如基础层的学科资源、高校图书馆信息服务团队；网络层的高校图书馆信息服务平台、学科馆员业务平台；应用层的高校图书馆信息服务管理系统、高校图书馆信息服务绩效评价机制等。

完善与高校书馆信息服务相配套的信息资源体系是建设高校图书馆移动信息服务的前提与基础，一般来说，馆藏特色信息资源和网络虚拟信息资源是信息资源体系的两个分支，馆藏特色资源的构建是整个信息资源体系的主要组成部分，而对网络虚拟信息资源的收集与整合则是该体系的补充和扩展。通过相配套的信息资源，为广大师生提供了更多的学习可能，整合一切可以利用的资源，有利于提高用户的受益面，促进图书馆受众的学习能力，增强学习交流的广度和深度。

（三）高校图书馆信息服务的服务形式具有交互性

在新媒体技术背景下，用户可以利用先进的信息通信技术与高校图书馆进行互动，也可以与图书馆员进行沟通，既可以提出自己的需求，也可以针对信息服务提出体验反馈和改进建议，图书馆馆员根据用户对服务内容、服务方式的反馈提供个性化的服务，二者之间形成良性的循环。随着学科服务的发展，高校图书馆信息服务的互动服务形式变得多样化，出现了如馆员博客、学科门户网站、高校图书馆信息服务平台等形式，同样延续了交互性的特点，用户可以通过即时通信软件、QQ、微信、邮箱、电话等方式提供反馈意见。

（四）高校图书馆信息服务的推送方式具有便利性

随着Web技术的广泛应用以及移动信息环境的逐渐成熟，高校图书馆信息服务的推送方式日渐具备泛在性。除了传统的BBS（电子公告栏）、论坛和邮箱之外，高校图书馆信息服务还可以通过RSS（信息聚合服务）、SNS（社区网络服务）、Blog（博客）、Wechat（微信）、MOOC（幕课）等技术和软件的支持实现随时随地、无所不在的泛在性。这种新媒体技术可逐渐培养学科用户享受获取知识化、个性化高校图书馆信息服务的舒适性和便捷性，逐渐习惯新媒体技术下的高校图书馆信息服务所提供的"唾手可得"和"无所不及"的服务和精神享受，进一步改善高校图书馆信息服务方式，优化学科用户的信息体验。手机、平板电脑等新媒体设备具有便携性和实时交流的特点，这就保证高校图书馆的移动信息服务能够以更高的效率为用户提供更好的服务，这也就是便利的特点。

（五）高校图书馆信息服务的成效评估具有公开性

与图书馆的读者满意度调查状况相同，学科服务作为图书馆的重点服务项目，其成绩和效益的评估也很重要。为了更好地开展高校图书馆信息服务，高校图书馆应当提供在线调查问卷、服务效益交流会、意见和建议反馈系统等方式，公开地对高校图书馆信息服务的现状进行客观评估，对高校图书馆信息服务的绩效进行科学评价，以促进高校图书馆信息服务主体的积极性，提升高校图书馆信息服务用户的满意度。

（六）高校图书馆信息服务的创办思路具有开放性

传统的高校图书馆信息服务主要以面向高校图书馆的学科建设为创办思想。而当今高校图书馆信息服务的范围并不局限于此，越来越多的研究型中心企业、科研院所的社会人员也需要高校图书馆信息服务。因此高校图书馆信息服务的创办思路应具备开放性，条件许可时可以扩大服务面、拓展服务受众而创办更具实际效益的"学科服务"。开放性则是指新媒体设备打破了人们对资源获取的时空障碍，数量庞大的新媒体设备使得用户对信息资源的选择更加的自由、多样化。

总之，当今时代，高校图书馆信息服务的重要特征在于体现服务的开放性、便利性、交互性，涌现出了泛在图书馆和图书馆2.0、图书馆3.0等创新的服务模式和机制。

第三节　高校图书馆信息服务创新的途径研究

创新驱动了整个人类经济社会的变革，以移动互联网、云计算、大数据技术为代表的新媒体技术时代也必将给现有的经济社会和生产生活带来根本性的变革。在这日新月异，急剧变革的社会，创新已然成为新的时代使命。近年来，在中国建设创新型国家和一流大学的大环境下，高校图书馆早已将转型与超越放在了第一要位，服务创新在各个图书馆呈现百花齐放、百家争鸣的盛况。

信息服务是高校图书馆工作的核心宗旨，创新是图书馆发展的时代灵魂，信息服务创新则是图书馆的重要工作内涵。在实践中创造的新鲜案例，是图书馆事业发展中的一笔宝贵财富。要深入推进高校图书馆读者服务工作创新，推广先进思想，促进高校图书馆在服务创新的理念、内容、方法、手段和经验等方面的交流与分享。

一、高校图书馆信息服务创新原则

基于高校图书馆在知识积累、信息搜集和存储、服务高校人才培养、科学研究和服务社会的功能与要求，探索和研究高校图书馆利用网络工具开展系统化信息服务的实现途径问题，是一个从宏观到微观、从全局到具体、从战略规划到政策机制复杂的系统工程问题，因此，在研究过程中必须遵循以下几个方面的基本原则。

（一）坚持高等院校的基本职能，充分体现以人为本的服务宗旨

高等院校肩负着国家人才培养、科学研究和服务社会的三大基本职能。事实上，人才培养和科学研究职能的最终实现，最终还是服务于社会经济发展。在研究和构建高校图书馆信息服务体系时，必须要坚持高等院校的基本职能，充分体现以人为本的服务宗旨，不论是人才培养服务体系、科学研究服务体系，还是面向社会的服务体系，必须坚持以服务对象中人的现实需求为出发点，开展系统、全面和便捷的信息服务。

（二）坚持以知识库和信息源为基础，发挥图书馆内外服务功能

高等院校图书馆是学校的知识库和信息源，是实施人才培养、科学研究和服务社会过程中最重要的知识来源和信息渠道。高校图书馆既肩负着知识库和信息源的建设、充实、完善和维护工作，又履行着对内、对外服务的窗口功能。基于新媒体环境的高校图书馆信息服务体系的研究和构建，正是要充分发挥高校图书馆的智库功能，借助网络优势和条件，开展更加广泛的信

息服务活动，更好地服务于高等院校的人才培养、科学研究，以及服务社会工作。[1]

（三）坚持从实际需要出发，强化网络信息服务的特色化

不同类型的高等院校由于其行业依托背景及学科专业的差异性，往往在人才培养的专业和类型、科学研究的领域和范围，以及服务社会的内容和方式等方面存在着明显的不同，这一特征也就决定了不同类型高等院校在实现其自身基本职能的过程中，客观上存在着不同的服务需求。因此，高等院校新媒体环境下信息服务体系的研究和构建，绝不可能是一个模式。相同内容，必须要紧密结合本校的学科专业构成特征，构建具有自身优势和特色的信息服务体系，开展具有更强针对性及特色性服务。

（四）坚持系统科学的研究方法和思路

研究的对象既包括高等院校的人才培养过程，又包括学校教师和学生的科学研究工作，还包括高等院校发挥自身优势服务社会的活动和内容，而这些活动和过程又是包含众多子系统的复杂大系统，每个子系统又有其自身的运行规律和特点，高校图书馆信息服务系统的运行状况如何，取决于各子系统中最薄弱环节的运行能力和水平。因此，这就要求我们必须运用系统的思想和方法，来研究高校图书馆信息服务系统各个组成部分的耦合关联程度，科学规划系统整体的发展方向、发展方式和发展水平，探索各个层次系统之间协调运行条件下信息服务系统实现的方式和途径。

---

[1] 包华，克非，张璐.高校图书馆信息资源建设[M].北京：中国商务出版社，2019.

（五）以全面协调的运行机制作保障

基于新媒体环境的高校图书馆信息服务体系的构建，只是完成了信息服务体系的规划和设计，信息服务功能的发挥、信息服务目标的实现，必须依赖于各项信息服务平台系统的顺利实施，这就要求我们必须建立和完善高校图书馆信息服务体系实施过程中的运行及保障机制，通过对信息服务体系实施过程的检查、监督和服务效果评估，一是保障各项服务体系的贯彻和落实，充分发挥各项服务体系的信息服务功能；二是通过检查评估，科学评判各项服务体系的服务效果，并依据服务效果对相关服务体系进行补充和完善，以保障最终目标的顺利实现。

二、高校图书馆信息服务的类型

信息服务是伴着人类交流活动产生的，有着悠久的历史，不过传统的信息服务手段和方式比较简单和原始，已经不能满足用户的需求。网络信息服务是在现代信息服务的基础上发展起来的，包括所有通过计算机和网络技术所进行的信息服务活动。目前，高校图书馆通过网络提供给用户的信息服务类型主要包括以下几个方面。

（一）万维网服务

目前，万维网是规模最大、最主要、最常见、最为广泛的互联网信息服务类型，也是当前各类图书馆信息服务的主要类型（表3–1）。

表3-1　图书馆万维网信息服务的主要类型

序号	服务类型	服务内容
1	在线流通服务	OPAC即在线公共查询目录。在线流通服务为用户提供了远客检索信息的方式，可以不受空间的限制，利用网络进行预约、借阅等手续，整个流程方便快捷，提高了用户的阅读量，促进了馆藏的流通
2	文献传递服务	图书馆电子邮件系统的使用给用户提供了一种点对点的服务方式，用户通过邮件向图书馆索要信息，图书馆回复邮件将用户需要的信息传递过来。网络信息传递不但可实现一对一通信，也可以进行一对多的传递。传递的内容不再局限于馆藏中所收藏的文献资料，也并不限于传统的馆际共享的文献资料，全球网络资源中的各类信息都将成为传递的内容
3	检索查询服务	在如今信息爆炸的时代，信息数量大、内容杂，用户很难在复杂的信息海洋中搜索到自己需要的信息。因此，技术娴熟的图书馆员根据用户的需要提供专门的检索服务是十分必要的。例如，合理设置图书馆信息系统的检索目录等
4	在线图书馆服务	为了促进阅读，图书馆提供部分书刊的电子版给用户免费阅读，用户不必亲自到图书馆就可以享受图书馆的信息服务，领略不同书刊的风采
5	网上教学服务	高校图书馆的信息服务系统不仅提供相关的阅读服务，还可以开展网络培训与教学。通过线上课堂、电子教程下载、在线讲座和热点问题问答互动等方式向用户介绍图书馆所能提供的各种信息服务，同时向用户介绍网络数据库、检索系统、检索工具的使用方法、检索网络信息资源的途径及选择、评价网络信息资源的常用手段，以增强读者的信息意识，培养读者的信息素养。也可以开设网络化的培训服务
6	远程咨询服务	高校图书馆可能采用远程咨询的服务方式，利用即时通信软件与用户进行在线沟通，解答用户的问题，用户也可以向馆员提出意见和反馈
7	网络导航服务	高校图书馆应该建立起专业的信息导航系统，将各类馆藏信息资源分门别类地进行索引，为用户查找信息资料提供便利。建立起专业信息资源导航库或指引库是较深层地对网络资源搜索并有序化组织的信息产品，一方面能够为用户提供便利，促进阅读；另一方面也减轻了馆员的工作量，提高了馆员的工作效率

（二）电子邮件服务

电子邮件（Electronic Mail，E-mail）是一种利用网络技术实现的方便快捷的交流和沟通方式，全球各国的用户都可以通过互联网用户进行快速、简单和经济的即时通信。高校图书馆的电子邮件服务是一项收费的服务，用户根据自身的需要通过电子邮件订阅各种期刊、文献和信息，并提前支付相应的费用。图书馆会按时将用户订阅的资料以电子版的形式发送到用户的专属电子邮箱，并且具有提醒用户查阅的功能。

（三）图书馆网络论坛

图书馆论坛和社区是一种自由、开放新媒体交流平台，网络论坛包罗万象，充斥着海量的各种信息，用户可以在论坛上自由交流和讨论，还可以发布各种分类信息。图书馆论坛属于专题论坛，一般由图书馆员进行管理与维护，用户拥有个人账号，既可以浏览他人发布的信息，也可以发布自己的信息；既可以向别人提出问题，也可以解答他人的问题；还可以参加BBS在线讨论，对高校图书馆的建设与服务提出建议。

（四）其他类型服务

除了，上述四种互联网上应用最为广泛的服务类型外，不同图书馆还可以根据自己的实力及用户的需求，提供诸如Gopher、WAIS、Archie、Whois、Newsgroup、Usenet、Finger等类型的服务。

二、高校图书馆信息服务创新的途径

（一）高校图书馆共建共享的未来：云图书馆

2005年11月3日，世界上第一家虚拟图书馆由Google网络公司推出，这对于图书馆发展来说具有重要的意义。2006年8月9日，在Search Engine Strategies Comference的大会上Google CEO埃里克·施密特第一次提出了"云计算"概念，云计算解决了虚拟图书馆的新媒体环境等诸多技术问题，为虚拟图书馆建设提供了可靠的技术支持。

云计算是通过SaaS云服务平台为图书馆读者文献知识服务的。读者在这个知识平台可以实现查询、获取、统一管理、个人空间及在线编辑图书馆的各类文献资源等功能。同时图书馆可以提供基于SaaS的云计算在线信息素养平台。目前，图书馆用户信息素养培训已经被提到非常重要的地位；基于云计算的服务平台，通过整合FAQ、课程在线学习、在线点播、基于Web+IM的参考咨询可以指导读者高效使用各类图书馆信息新技术方法；以用户为中心，数据存在于云海之中，读者可以在任何时间、任何地点以某种便捷的方式安全地获取或与他人分享。

新媒体环境下，云计算技术在不断发展，高校图书馆建设理念也随之发生了革命性变革。在数字图书馆建设已具有一定规模的情况下，"云共享"模式图书馆的建设也显得越来越重要，它是高校图书馆信息资源共建共享发展的方向性目标。云图书馆大于云计算。

数字资源的共建共享离不开云技术的应用。"云图书馆"具备以下几个特点：（1）大大降低了图书馆资源共享的成本；（2）使图书馆数字资源的安全性大大提高；（3）信息服务手段和方式变得多样化。

（二）开发馆藏特色数据库，丰富网络信息资源

将有效的信息（即经过检索、加工、整理后的信息）提供给用户是高校图书馆的一项重要功能。建设特色化馆藏就相当于图书馆对文献信息资源作了首次的筛选，读者所进行的检索实际上是二次筛选，从而避免了不必要的重复劳动，节省了大量时间，使科研人员能够集中精力进行科学研究。所谓特色化馆藏建设，具体地说，就是对于专业文献全面系统地收藏，与专业有关的文献重点收藏，一般文献适当收藏，要注意数字化文献馆藏建设，逐步建立起专业的馆藏文献体系，使馆藏文献具有特色。特色化馆藏作为一种软资源，没有硬性标准，将图书馆内精品信息有计划地按学科类别汇编成大型数据库，组织、参与网络信息资源共享，从而丰富网络信息资源，为用户提供各种特色网络信息资源服务。

（三）搭建网络化合作化信息咨询平台

咨询作为信息时代的一个重要标志具有明确的导向性，它集技术、知识于一体，尤其在图书馆中被广泛使用。图书馆是一个系统较为完善的咨询部门，随着移动技术的发展，图书馆在引导用户查阅文献的同时还应该满足更多的咨询要求，传统图书馆的信息咨询服务体系已经受到了各种挑战，因此，图书馆有必要为用户提供一套较为完善的咨询服务体系。

随着新媒体技术的广泛应用，信息的更新、传播速度日益加快，用户更加习惯于电子阅读的方式，纸质载体的信息资料已经逐渐淡出了用户的视线，传统图书馆必须改革与创新信息服务方式，充分利用信息科技，向数字移动图书馆转变，搭建网络化合作化信息咨询平台。

搜集、整理、归类信息资源是构建图书馆信息咨询服务体系的基础，科技的进步，信息的快速传播，改变了用户对信息的需求，也改变了图书馆信息服务的内容和方式。用户需要的是方便、快捷、个性化的信息服务，这就要求高校图书馆不断创新服务功能，为用户提供移动的、动态的信息咨询服

务，将单向被动的大范围检索转化为精准快速的目的性咨询。这样不仅能节省读者的信息咨询时间，而且可以根据读者的反馈情况不断完善图书馆自身的服务体系。

（四）建立新媒体检索平台，提供读者自助信息服务

新媒体环境下，为方便广大读者，很多高校图书馆建立了新媒体检索平台，开通读者网络自助服务。新媒体检索平台是由海量全文数据及资料基本信息组成的超大型数据库，为用户提供深入图书章节和内容的全文检索、部分文献的原文试读、以及高效查找、获取各种类型学术文献资料的一站式检索。该平台整合了纸质图书、电子图书、电子期刊、会议论文、学位论文、报纸、专利、标准以及互联网免费资源等。通过这个平台，读者可以远程访问、无缝获取所需信息和服务，更为有效地利用图书馆提供和揭示的信息资源。读者可在图书馆主页上看到以下信息检索界面。师生在校园网范围内通过电脑或手机登录图书馆的检索系统，即可进行图书期刊的目录检索、查看新书通报，进行信息咨询、图书荐购，利用"我的图书馆"功能可查询个人的借阅记录、归还时间等信息，还可以进行图书的续借、预约等操作。

（五）高校图书馆信息资源共建共享重要形式——图书馆联盟

高校图书馆界开展信息资源共建共享活动由来已久。这种合作往往是自发的、松散的、非正式的。近二三十年来，随着高校图书馆信息资源建设与服务活动的不断丰富和日益复杂，高校图书馆之间的合作范围也在不断拓展。

特别是20世纪90年代以来，以计算机技术、通信技术为核心的现代信息技术迅速发展，互联网出现并迅速普及，高校图书馆自动化集成系统向一体化方向发展，数字化资源急剧增长，各种信息提供商、信息内容服务商纷纷

涌现，与高校图书馆形成了既竞争又合作的关系。所有这些，都为高校图书馆合作提供了一个全新的环境，也带来了许多新的课题。因此，高校图书馆信息资源共建共享活动必须寻求一种经过正式组织、合作更加紧密、更具有协同性的形式。图书馆联盟，就是在这样的背景下迅速兴起和发展起来的。

第四章

高校图书馆管理创新研究

　　随着知识经济的发展，全球化浪潮的涌动，人们对知识的需求达到了一个新的高度。针对这一特殊的时代特性，要求高校图书馆管理创新的呼声已日益高涨，其管理创新已迫在眉睫。但如何才能在保证高校图书馆在满足传统需求的同时注入新的时代元素，是我们应该积极探讨的问题。

第一节　高校图书馆管理概述

一、高校图书馆管理的内涵

（一）图书馆管理的含义

我们对图书馆管理重要性的理解是渐进的。通过翻译和引进国外管理理论和方法，制定和改进图书馆管理指南，这个过程引入了许多图书馆学术管理的定义。以下是图书馆界的一些流行语录。

"自动化图书馆管理是图书馆科学管理。"毋庸置疑的是，科学、系统的图书馆管理意味着图书馆现代化的进程走到了成熟的阶段。图书馆管理不是一个苍白、片面的概念，它是一个整体，包括对图书馆员工的管理。"自动化管理"是图书馆管理手段之一，区别在于它所使用的是现代技术。

"图书馆内各个工作环节之间的高度协调一致就是图书馆科学管理。"图书馆管理行之有效的前提是，图书馆内不同部门之间的协作科学合理且亲密无间。然而，值得注意的是，这种部门间的高度协调也并不意味着图书馆最终实现了预期的管理目标。因为管理不能把决策过程排除在外，如果决策一开始就是错误的，那这种协调只可能让管理的结果与预期背道而驰。

"低耗、高效、优质的管理就是图书馆科学管理。"现代企业管理中，相关部门为了衡量员工绩效，会用上"低消耗、高效率、高质量"这三个指标。但对于图书馆管理来说，只用这三个指标去衡量管理结果及员工绩效是不够的。由于图书馆活动属于精神生产范畴，精神生产的社会效益往往是隐蔽的。

"符合图书馆工作规律的管理就是图书馆科学管理。"这句话套用了哲学来概括图书馆管理的定义，所确定的含义是图书馆依法开展工作在一定程度上可以提高图书馆的管理水平。

"图书馆组织管理的系统化就是图书馆科学管理。"这是将系统理论应用于图书馆管理的尝试。系统论是研究系统存在和发展机制的理论，在图书馆管理中实施该理论制度可以强化图书馆管理的理论和方法，但是这个定义太过于宽泛了。

以上许多陈述来自不同的角度，目的是质疑和理解图书馆管理问题。每种观点都在某种程度上是合适的，但它们都有一些局限性。我们应该对这些陈述进行全面分析，使图书馆管理更加全面和精确。

（二）高校图书馆管理

高校图书馆管理是指在高校图书馆的统辖范围内，综合运用现代管理理论，通过一系列系统的计划、组织、控制和领导的手段，追求最优化配置图书馆内资源，来达到服务读者人群和自身发展目标的过程。但在新的形势下，应该怎样处理好读者需要和自身发展资源有限的矛盾问题，是本节研究的重点，即高校图书馆管理的创新。

二、我国高校图书馆管理研究概述

我国的高校图书馆管理起源于我国早期的书院图书馆管理模式，这一模式最早可以追溯到宋元时期。而真正具有现代意义的图书馆则在近代时期由西方引入中国。

中国高校图书馆自一开始即遵循服务教学和服务学生。我国许多知名学者认识到图书馆对于大学教育的重要性，也都纷纷进行呼吁，加大高校图书馆的书本收藏量，建立专门的图书管理机构等。对近代我国高校图书馆的管理发展起到了十分重要的促进作用。

随着新文化运动的展开，我国求学的文化氛围逐渐走向高潮。尤其在中华人民共和国成立后，我国高校图书馆的管理理论发展经历了两个阶段。

第一时期（1950—1979年），主要是学习苏联的管理模式，为高度集中的管理体制，尽管政府对整个图书馆事业作出了一定的规划，并制定了一系列相关的政策，但图书馆管理缺乏科学管理理论和方法指导，经验管理代替科学管理，图书馆的管理主要是建立在人治的基础上，服从命令听指挥是对馆员的基本要求。

第二时期（1979年至今），十一届三中全会之后，随着各项工作步入正轨，图书馆的价值、地位、作用得以重新认识，政府开始重视图书馆事业，1987年《普通高校图书馆规程》颁布，过去分散、各自为政的图书馆开始有了合作。各高校图书馆就是在这一背景下进行了广泛的制度建设，并在定量管理、目标管理等方面进行了卓有成效的探索，出现了"目标论""计划论""人员论""激励论""系统论""改革论"等多种理论观点。

近几年随着电子技术为代表的新一代高新技术的快速发展，我国的图书馆管理理论界针对我国当先的高校图书馆管理理论构建也变得丰富起来，具体来说可以将其归类如下：

在图书馆管理上，集成管理受到关注。当代信息技术的高速发展，使得将图书馆现有信息资源整合构建统一平台集中处理信息变成了可能，在这一背景下，图书馆的管理开始了系统化和集成化的发展。

在文献资源建设上，发展重点已从文献资源建设转到信息资源建设，有关网络信息资源的建设备受关注，电子信息成了图书馆与时俱进的最好窗口。

在图书馆的服务上，现有学者针对我国图书馆管理理论界固有的重技术轻服务观念提出了改进意见，并提出了未来图书馆管理发展的重点在于服务的论断。

三、现代高校图书馆管理的特点

如何管理图书馆是组织管理过程的一种方式。系统化管理是现代图书馆管理的本质特征，这一重要特征使现代图书馆管理表现出以下三个鲜明的特点。

（一）整体性

高校图书馆具有一定的整体性特征。高校图书馆管理应该满足以下几个条件：

第一，需要现代化的管理理念。有效实施现代图书馆管理，不能满足于有限的管理经验。高校图书馆工作人员应该不断学习，勇于创新，为图书馆工作和图书馆创新建设的可能性敞开大门。

第二，要有科学的方法。需要根据工作目标和工作关系的解决方案进行配额管理。配额管理的实施至关重要，对于图书馆工作人员来说，实施配额管理可以提高工作效率，高效完成工作。此外，还应辅以行政管理、经济管理等多种管理方式，推动图书馆管理持续发展。

第三，必须制定适用且严格的规则。

第四，要有统一的业务标准。

第五，要有合理的智力结构。图书馆员的学科结构应适当，不仅要有专业领域的人才，也需要其他领域的人才。此外，人才需要在各个层面都要成正比。

以上五个方面构成了高校图书馆活动完整性的基础。在管理过程中要注意处理好整体与部分的关系。

（二）关联性

高校图书馆管理系统中的所有环节和层次都是相互联系和相互依存的，我们必须注意事物的因果关系。组织文件和目录以及借阅和临时工作需要综合分析各个工作组的具体情况，加强图书馆各部门业务管理任务之间的联系与配合，建立连带责任追究制度。

（三）均衡性

高校图书馆系统是一个移动系统，图书馆与其外部环境之间的平衡要求所有图书馆活动都要有均衡性。图书馆的发展已经适应了许多社会阶层的需要，图书馆内的平衡要求每个子系统的目标与图书馆系统的总体目标相匹配，以平衡图书馆和外部环境。例如，编目和文献收集系统平衡、组织体系之间的平衡、参考文件和流转文件之间的平衡、工程机械与日益复杂的文件类型之间的平衡、人员与各种业务任务需求之间的平衡。总而言之，我们必须努力实现所有互联互通、相互协调、协调平衡的发展。

总之，完整性、相关性和综合平衡是现代高校图书馆管理的特点。图书馆管理应该从大局入手，从发展变化的角度分析管理过程中的问题，而不是用孤立静止的观点。为了解决管理过程中的问题，必须考虑各个环节。在图书馆系统内部、各级之间要相互沟通，不能打破相关联的环节来解决管理问题。

四、高校图书馆管理的原则与方法

（一）高校图书馆管理的原则

1.系统原则

每个高校的图书馆都是一个由多个子系统组成的元系统，同时处于更大的图书馆运营系统中。图书馆运营子系统具有与外界交换材料、能量和信息的层次结构和一般属性。这就是为什么系统论成为图书馆管理最重要的指导思想的原因。

（1）目的性

一个系统的存在具有一定的功能和目的。作为机构或社会服务，图书馆收集、编辑、维护和传输文件，组织和系统地交换文件中的知识或信息，让用户从文档、书目、知识三个层次上获取资源。它的基本功能是收集、组织和部署应用程序；目的是满足读者的知识和信息需求。不同类型的图书馆有特定的目标，这些目标因策略、任务和用户目标而异。

（2）整体性

图书馆的系统原则的整体性体现在两个方面：一是管理本身需要统筹全局，要有整体与长远的规划；二是把管理对象的各种因素作为一个整体来看，对各个因素的管理需要符合整体性的发展。

（3）层次性

图书馆管理系统是一个层次分明的整体，有领导层、执行层、监督层等，各层应该明确各自相对应的权利与职责，每个人各尽其责，各行其是，才能达到有效的管理。

（4）联系性

图书馆由于分工不同而形成了不同的工作部门，但是每个部门并不是绝对独立的，而是存在着重合与交叉，只有处理好各部门的关系，才能形成合力，共同发展。

（5）均衡性

作为一个有机的整体，图书馆各个系统之间关系密切，相互制约、相互促进，只有不偏不倚，保持平衡，才能使图书馆系统均衡发展，实现目标。

2.集中原则

集中原则是管理我国图书馆运营的关键原则。集中管理有以下四种含义：

（1）指由图书馆公司集中管理，协调全国各系统和图书馆的工作，在国家层面有针对性、有组织地规划国家图书馆公司的发展。

（2）指图书馆和技术作品的标准。包括相同的分类、定期交易、统一存储格式和数据交换标准等。

（3）图书馆法。遵循一定的法律法规。

（4）图书馆必须有一个清晰的开馆思路，这是实行集中管理原则的思想基础，它还需要一套相对完整的图书馆指南和规定才能实现。

3.民主管理原则

图书馆管理工作的民主性体现在：并不是只有图书馆领导和馆员才能进行管理，用户的需要也应该被满足，用户代表也可以参与图书馆的管理工作。

图书馆民主管理有四项任务：

（1）提出适当的意见和建议，以改进图书馆工作。

（2）监督和推动图书馆计划的实施。

（3）对专家管理和部署提出建议。

（4）监督从业者的工作。

4.动力原则

图书馆每一个活动、每一次发展都必须有宣传的动机。图书馆发展的动力来自用户服务需求和内部员工的活力。

现代图书馆管理的根本动力是：

（1）物质能源。这是满足图书馆员生理需求的最根本动力。包括工资水平、奖金、福利、生活条件等。

（2）精神动力。包括职业意识形态、精神鼓励、发展机遇等。

（3）信息的力量。信息并不是管理者决策的唯一依据，但这也是事物发展的驱动力。

5.效益原则

管理的根本目的是为了获得更大的效益。目前，我国图书馆的效益体现在两方面，即社会效益和经济效益。图书馆作为社会文化和信息的重要组成部分，是通过向社会提供政治、经济、文化、思想等各学科的文化与信息来实现其社会效益的；图书馆经济效益的实现需要通过使用现代设施和设备的功能，以有限的资金购买读者想要的文件，并尽可能节约使用人力资源处理存储文件，确保图书馆活动的最大效率。图书馆要加强管理，优化人员和资金的配置，以提高经济效益。

（二）高校图书馆管理的方法

图书馆管理活动的各个层次、过程和环节都有相应的方法。每个方法都有自己的状态、自己的责任和管理活动中的具体信息。高校图书馆管理的方法有很多种，大多数包括计划管理、规章制度、问责制度等。

1.计划管理

图书馆的计划管理不是一个单独的项目，而是一个包含多个环节的过程，从制订计划开始，在执行阶段可能涉及对计划的调整与审查，再到完成阶段对结果的验收与考评，根据计划目标的实现情况进行反馈，形成一个闭环的流程。图书馆计划必须根据科学原则制订。

制订计划基本上有四个步骤。①检视现状，提出想法。②收集数据并进行回顾性分析。③预测未来并设定目标。④根据最有效的方式进行计划和决策。

规定的计划指标只有通过计划的实施才能转化为绩效，才能达到既定的目标。计划的实施必须达到以下目标：分解计划指标，合理分工，明确职责，反馈控制，协调一致，及时总结。

2.制度管理

图书馆规章制度是指图书馆工作人员或用户必须遵守的运作规则、规章制度和程序。

不同类型的图书馆，尤其是工作内容复杂的大型图书馆，需要严格的科学规章制度。定义规则时必须考虑以下四个方面的关系：

（1）图书馆与用户之间的关系：应以用户方便为出发点，还要以科学管理为基础。

（2）用户与用户关系：在定义规章制度时应注意满足一般用户对文献和信息的需求，考虑到关键用户的需求。

（3）利用馆藏文献与保管文献的关系：图书馆在制定规章制度时，既要考虑图书馆财产的安全与完整，又要考虑用户利用馆藏文献的便利性因素。

（4）不同部门之间的关系：图书馆应该定义一套规则。包括行政和商业行政规章制度，大多是组织管理制度。

大多数业务系统由以下系统组成：文学材料分类规则、文献收录规则、目录组织规则、文献借阅规则、图书管理系统、自动劳务管理系统等。

3.计划管理岗位责任制

岗位责任制是一种规章制度，它明确规定了每个员工的职位和应履行的基本要求和职责，并据此进行薪酬和制裁评估。主要内容包括以下几点：

（1）科学交流，明确工作范围。

（2）明确每个岗位的职责和具体任务。

（3）明确每项任务的数量、质量和时限标准。

（4）各岗位员工的问题管理任务、权力。

（5）控制不同岗位员工的道德操守。

（6）使用严格的奖惩。

4.目标管理

目标管理是下级和上级共同设定具体运营目标的系统。定期检查实现目标的进度。它是一种以结果导向概念为指导的管理方法。在一段时间内共同设定共同目标。

目标管理的重要性应该包括六个基本要素。

①以结果导向的理念为指导。

②上司和下属共同确定一段时间内的组织目标。

③共享目标并跨部门和个人实施。

④根据个人必须达到的目标明确个人责任范围。

⑤每个人都有意识地工作，独立控制和管理自己的目标。

⑥根据设定的目标对取得的成果进行审查和评价。

图书馆的目标管理就是利用目标管理的方法进行各种图书馆管理活动。包含以下几个方面。

①设定总体目标。

②制订不同层次的目标。

③确定行动措施。

④提供人力物力。

⑤实施和控制。

⑥影响评估。

目标管理符合图书馆工作的性质。它更好地反映了图书馆目标的完整性。可以让人们的意识和创造力发挥到极致，并能更好地促进专业图书馆事业的发展。因此，目标导向管理成为我国图书馆管理的重要手段。

5.经济管理

图书馆管理的经济方法是指在管理过程中，运用经济手段（如工资、津贴、奖金、罚款、利润等）和经济方式（如涉及经济内容的合同、责任制、预算决算等）来执行管理职能，实现管理活动的方法。对于图书馆而言，应该在管理过程中让员工明白：员工个人利益、部门利益与图书馆利益在大方向上是一致的，图书馆可以运用利益机制来激励和引导员工和部门的行为，使之与图书馆总目标一致。

6.教育激励管理

随着社会生活的不断发展深入，图书馆与社会之间的双向互动关系愈来愈紧密。可以说，图书馆员的知识导航能力、咨询能力越来越受到关注。图书馆员除了具备扎实的业务基本功，熟悉图书馆文献信息资源分布外，与读者、与社会的交流沟通技巧，员工公关对外交流等诸方面能力也有更高要求，甚至性格、心理、情绪、着装、语言等非智力因素越来越决定着一个部门或员工开拓工作空间的能力。因而管理者在这方面予以员工以教育激励，对于拓展员工视野、思路、胸襟，促进事业的发展具有促进作用。

第二节　高校图书馆管理现状

一、我国高校图书馆管理现状

在我国，高校的图书馆、资料室一直是高校师生获得文献信息的基本来源。无论是从文献拥有量收藏质量，还是从文献载体类型的多样性，其在国内的图书馆系统中都堪称一流，同时也是国家信息资源的主要组成部分。

随着我国图书馆理论学界对于西方新近图书馆管理学理论的引进力度不断加大，同时针对我国实情的特色图书馆管理理论不断出台，我国高校的图书馆管理体系已逐渐发生着向现代图书馆过度的改变。这些改变主要体现在以下几个方面。

（一）图书馆的工作观念发生改变

现代信息流通的广泛性和当代大学生对信息交流的实际需求，使得高校图书馆已然从过去的封闭式管理向信息化的开放模式转变。

（二）图书馆的工作对象发生改变

图书馆的工作对象已由单一媒体转变为多种媒体、传统的以纸质为媒体的图书馆工作逐步转换为多媒体、超媒体工作。由于当代信息更新的速度过于快速，同时鉴于纸质资料收集过程的成本高昂，已经不能够完全适应于当前的图书馆信息系统的构建，采用多种媒介的信息载体同样是时代发展的需要。

（三）图书馆服务的深度正在变化

由于目前图书馆管理的改革逐渐向服务层次转变，同时由于信息量过大，读者对于信息检索的要求比以往任何时期都更加迫切，也为图书馆未来的发展定位提出了要求。

二、高校图书馆存在的问题

从我国高校图书馆管理历程可以看出，我国的高校图书馆发展取得了长足的进步，但是同样基于现实需求的压力，我国高校图书馆管理体系的构建到目前还有相当的不足和缺憾，给其未来的前进空间造成了不小的阻碍，我们将其总结如下。

（一）文献信息资源投入不足

现代文献资料更新速度过快，给高校的图书馆文献采编带来了相当大的工作压力，同时由于文献资源选择的多样性，又对文献资源的整理和选择提出了更高的要求。这导致了高校图书馆在文献信息资源更新时变得缓慢。由于高校在办学经费时的普遍紧张，相当多数的学校将经费利用到能得到短期回报收益的项目上面，往往对图书馆的资金投入远远不足，长此以往，造成了图书馆在文献资源投入上的严重不足，这也成了制约图书馆发展的重要因素。

（二）管理机制不合理

我国高校图书馆的设置往往延续原来的机制，未兼顾到信息化时代已然发生的新的变革，造成在运行机制上不能反映时代发展需要的新的合理结构，往往造成在信息反馈、有效运行及数字化管理滞后的局面。这给当前的图书馆管理改革提出了新的要求。

（三）业务素质不健全

信息时代新的图书馆构建体系给图书馆从业人员提出了更高的业务素质要求。21世纪的高校图书馆应该是馆藏多媒体化、管理手段计算机化、服务信息化和信息资源共享网络化的新型图书馆。新型图书馆的建设，要求拥有一支高素质的专业队伍。长期以来，高校图书馆馆员的知识结构较为单一，人员素质有待提高。尽管各馆馆员队伍的整体素质不断提高，但仍然远远未能跟上时代发展的步伐。目前，高校图书馆较为欠缺这方面的人才。

（四）服务理念未落实

由于我国在计划经济时期长期奉行的管理理念使得图书馆长期处在管理体制下，这不仅是我国深受苏联体制影响的结果，也是我国历史长期集中政治思想影响的结果。要实现高校图书馆理念的革新就必然要改变服务观念，将服务的宗旨奉行到实处，目前来看还需要很长一段路要走。

另外，服务质量水平较低。首先是服务理念较弱。"读者第一，服务至上"是图书馆服务的要求，但现实是许多高校的图书馆及馆员缺少服务理念和意识。许多高校的服务对象仅限于本校学生，没有对外开放，无法满足经济社会发展的要求。许多馆员服务态度较差，缺乏与读者的交流互动，无法了解读者当前的需求，难以实现图书馆服务的人性化和个性化。其次是缺乏高质量的培训服务。要提升馆员的管理服务质量就必须加强对馆员的培训，以高质量的培训服务培养出高水平的工作人员，使他们拥有专业的学科知识，从而能够更加及时快捷准确地为读者服务，但这恰恰是目前图书馆管理最缺乏的。再次是高校图书馆数字化建设缓慢，信息网络服务不完善，不能及时满足读者的需求。

（六）资源浪费问题

由于缺乏周密的规划和协调，高校图书馆存在不同的标准，很难找到所有实体的利益协调一致的平衡点。同时，一些机构一味追求数字资源中的信息量，却不在意收藏质量，导致收藏的很多文档、资料缺乏深度，没有研究价值。国内很多高校只顾盲目创建自己的图书馆，彼此间却不展开合作，不进行信息的交融。每个高校图书馆的网络界面、搜索语言和管理系统都有着很大的差别，无法进行相互通信和应用，这就造成了很多信息资源、经济资源、劳动力和许多物质资源的浪费。

第三节　当代高校图书馆管理创新

随着经济时代的到来，在科学技术飞速发展、信息量剧增的形势下，传统的图书馆管理和服务已很难满足当今高校读者的需求，因此高校图书馆管理的转变也是迫在眉睫的。

一、高校图书馆管理创新的意义

随着全球化和知识经济时代的到来，管理的本质已经发生了变化，以创新为导向的管理观念已经成为主流。因此高校必须在图书馆的管理上锐意创新，发挥高校在知识文化上的优势，研究高校图书馆的管理理念、方法、程序，找出其中存在的相关问题，提升管理理念，创新工作方法，改革工作流程，提高工作效率。高校要明白，图书馆管理上的创新实际上也是高校教育改革的创新，是为转化为高校发展的动力，所以高校必须提高对图书馆的重视度，加大对图书馆的支持，多给图书馆管理提升的机会，让图书馆能够多一些培训机会，多一些人力、财力、物力的支持。其次是树立以人为本的服务理念。新时期的高校图书馆必须紧抓时代脉搏，树立以人为本的服务理念，使读者能够获得人性化、个性化的服务，并感受图书馆特殊的人文关怀。图书馆领导要在工作中多关心员工、理解员工和尊重员工，这样员工才能同样感同身受地将服务转化为关心读者、理解读者和尊重读者。图书馆要给予读者公平、公正、自由、方便的学习空间，让每一个读者都可以享受到平等的服务。而对于那些身体残疾的读者，馆员要体现出人文关怀，给予他们特殊的照顾。图书馆也要重视对馆员的激励，使他们有一个良性的竞争环境，提高自身的服务能力，适应全新的服务理念，不断完善图书馆的管理服务体系。

二、高校图书馆管理创新的路径

（一）图书馆管理理念创新

管理理念创新是一切管理创新的前提和基础。21世纪的高校图书馆的管理思想首先需打破常规的分散、孤立、封闭的旧理念，树立一体化的观念，向系统、网络化的有机整体发展；其次是多样化发展，即从单一的文化教育功能向文化、教育、信息、情报等多功能全方位发展。树立"人本管理"理念，以人为本，就是注重人的全面发展。促进人的全面发展，提供人性化服务是现代图书馆发展的必然趋势。

我们知道，管理是无处不在的，高校图书馆的管理也在此列。中华人民共和国成立以来特别是改革开放和科教兴国战略的实施，使得我国高校图书馆的管理取得了长足的进展，整体水平大幅度提高。但不可否认的是，我国高校图书馆的管理目前仍存在很多问题，尤其是在传统图书馆时代形成的封闭型的管理观念问题，已严重影响了其本身的可持续发展，也成为深化高校图书馆改革的难点。

现在，随着环境的不断变化和社会的加速进步，传统高校图书馆封闭型的管理观念日益显得陈旧和落伍，尤其是面对信息社会的挑战、市场经济的要求以及网络化的影响、数字图书馆的诞生等，迫使高校图书馆的管理观念由封闭型向开放型转变，即转向服务市场、竞争市场的服务效益观念。只有实现了管理观念的创新，高校图书馆的服务和科研工作才能上台阶、上水平，才能继续深化高校图书馆的改革。

（二）管理理论的创新

泰罗创立的"科学管理"和德鲁克创立的"目标管理"在传统图书馆时代被引入了高校图书馆后，曾一度使高校图书馆的管理工作产生了质的飞跃，各项工作朝气蓬勃，有声有色，有条不紊，但"科学管理"和"目标管理"存在着固有的理论缺陷。在"科学管理"中，仅仅把工作作为中心，把图书馆员当成是执行任务的工具，而没有将人力当作是一种资源来加以利用；在"目标管理"中，虽将工作和人结合起来了，还将工作目标一级一级分解，使人一级对一级负责，无疑是一种进步，但是它依然无法解决工作目标是否科学合理、员工的积极性如何调动、规章制度如何遵守等问题。尤其是全社会都在呼唤人文关怀的今天，高校图书馆界也在呼唤进行理论创新。

随着知识经济时代的来临，作为知识宝库的图书馆被提高到一个重要的位置，高校图书馆尤为如此。但是在知识成为最重要经济因素的今天，高校图书馆要适应时代的要求，担负起时代的重任，很显然，"科学管理""目标管理"等理论都已无法胜任。于是有人提出了"知识管理"的理论。该理论既重视对高校图书馆显性知识（馆藏书刊资料等）的管理，更重视隐性知识（员工头脑中存储的智慧）的转化和发挥，从而达到知识创新、知识传播与利用的目的。由于它更重视人文关怀，因此，能使员工们"各司其职，各尽所能"。

（三）基础工作上的创新

图书馆传统的方式是按文献类型分室藏书，实行书、刊分别管理。这种方式，便于文献的管理，而不便于读者查找资料。由于服务功能的单一，文献类型的单一，读者要查找资料不得不奔波于各图书室、期刊阅览室之间，既费时间又耗精力，能否查到还是未知数，给读者造成人为的阻碍。特别是在改革开放的今天，各行各业的竞争意识增强，社会对信息的需求越来越迫切。单一的文献类型，单一语种的文献已不能满足读者对信息的需求。按学科设立服务设施，将是图书馆发展创新的方向。把原有的图书室、期刊阅览室按学科类别分成几个借阅室，各借阅室收集各自学科内容的图书、期刊、工具书及其他资料。开架借阅，深化服务，使其服务具备多种功能。全部开架借阅，这样既方便读者，提高了文献的利用率，又能调动工作人员的积极性，从而提高图书馆的服务效能。

（四）管理手段的创新

以往，高校图书馆对采访、编目、验收流通、阅览和咨询服务等的管理都是由人工进行的。在人工管理的过程中，管理的成本高、差错率高、拒借率高，而服务质量却低，流通率和工作效率也低。随着计算机管理被引入高校图书馆，高校图书馆的管理手段有了质的飞跃。图书馆的登录、编目、查重、典藏等都基本上实现了以现代化信息技术为主的管理。虽然许多高校图书馆编目自动化的水平较低，但是CALIS系统的推广，已为实现联机编目迈出了坚实的一步。加之图书馆的流通和阅览部门借助计算机简化了手续，加快了借还书速度，实现了不同程度的开放式管理，为高校图书馆最终实现网络化管理，实现真正的网上资源共享奠定了坚实的基础。

（五）管理形态的创新

随着现代科学技术的进步，经济的一体化进程促成了世界市场的形成，使得高校图书馆在信息社会来临之际又一次面临新的生存和发展考验。传统图书馆时代，高校图书馆那种简单地注重校内服务客体的管理形态已远远落后于形势。虽然，由于种种的原因，一些高校图书馆也尝试着将传统的服务型管理形态转变为以开发文献信息产品为主的服务效益型管理形态，但是这些图书馆依然无法适应知识经济的挑战。因为由知识经济促成的世界经济的一体化，要求高校图书馆更多地服务于市场、竞争于市场，必须始终以市场为导向。因此，高校图书馆的管理形态要最终转变为市场导向型的。只有形成了市场导向型的管理形态，高校图书馆才能在激烈的市场竞争中永远立于不败之地。

（六）管理对象创新

从我国高校图书馆的发展历史来看，以往的图书馆管理对象，主要是指图书馆内部的图书资料、馆舍、设备、人员等。而这里的人员又主要为被管理者。对于管理者，尤其是对高校图书馆的领导班子管理，以及对中层干部的培养等，常常是忽略不计的，或者说是轻描淡写的。但是对于高校图书馆来说，其可持续发展的趋势，将直接取决于高校图书馆的管理者。因此，将高校图书馆的管理对象创新为管理者和被管理者，尤其侧重前者，不但会杜绝高校图书馆内部管理不善的现象，从而做到组织严密、纪律严明，而且会进一步推动高校图书馆的改革，使得高校图书馆在新形势下的高等教育中发挥更大的作用。

总之，我国高校图书馆面对知识经济的发展，只要在管理中大胆吸收中西方的管理思想，坚持始终以市场需要为导向、人本管理为核心进行各种管理创新，就一定能开拓出高校图书馆发展的新路子。

第五章

高校图书馆阅读推广研究

图书馆在人类文明的传承中发挥了极其重要的作用。新媒体环境之下，读者阅读需求以及在阅读过程中所使用的工具等均有了较大转变，相应的，阅读方法同样有所改变。最近一段时期内国内居民的阅读率显著减小，更需要高校图书馆进一步强化自身管理及阅读服务工作。

第一节 高校图书馆阅读推广概述

图书馆是一个国家或民族最基础及核心的阅读推广主体之一。由于现代意义上作为书刊及知识信息提供中心的图书馆在我国出现的历史并不长，因此阅读推广在我国的发展与欧美各国不尽相同，呈现出与我国图书馆事业发展水平紧密相连的态势。

一、高校图书馆阅读推广的定义及构成要素

阅读推广是否应该成为图书馆主流服务之一，阅读推广的含义又是什么？《阅读推广手册》《公共图书馆宣传推广与阅读促进》等文件和规章制度都没明确给出答案。但国内学者们普遍持有的观点，即作为全民阅读推广的重要动力源泉，也是全民阅读的前沿阵地，图书馆应该充分利用其自身优势，开展阅读推广，促进全民阅读，构建书香社会。至于前面两个问题，学者们并没有过多的纠缠，而是将研究和工作的重心放在了如何提高阅读推广效益等主题上。

至于阅读推广是否已经成为图书馆的主流服务，虽然目前很多图书馆都

设立了独立的专门负责阅读推广工作的部门或专职人员，但就国内图书馆现状而言，起码在高校图书馆范围内阅读推广暂时还不能说已经成为主流服务。那么，高校图书馆阅读推广的定义又该如何界定呢?2015年最新颁布的《普通高等学校图书馆规程》中明确指出：高校图书馆的主要职能是教育职能和信息服务职能。旨在培养师生阅读兴趣、习惯、能力和专业学科知识为目的的一系列推广阅读的活动和措施。

高校图书馆的阅读推广工作是一项复杂的工作，包含诸多不可或缺的组成要素：主体、客体、对象、目标、活动、效果等。高校图书馆本身是阅读推广工作的主体，发起和组织阅读推广活动。与高校图书馆关系密切、利益相关的其他组织也可以成为阅读推广的主体，与高校图书馆共同发起与组织活动。高校图书馆的用户群体是阅读推广活动的客体，主要包括两个群体，一是广大的在校师生，二是社会公众和各种组织机构。阅读推广活动中向客体推广的内容就是阅读推广的对象，高校图书馆的丰富馆藏是阅读推广的对象，包括不同类型、不同载体的文献资源、阅读工具、阅读理念和文化等。高校图书馆阅读推广的主要目标是提升师生阅读素养和综合素质，提高高校图书馆资源的阅读量和使用率，扩大高校图书馆的用户数量，让更多的人走进图书馆读书。高校图书馆阅读推广的效果可以分为显性效果和隐性效果，显性效果主要是指阅读推广产生的影响和结果与目标是否一致，隐性效果是指通过阅读推广活动的开展对高校图书馆的资源使用率、用户阅读素养、用户数量是否起来提升的作用。

二、高校图书馆阅读推广的特点

（一）活动主客体一体性

总体上，高校教师和大学生具有良好的文化素养和综合素质，有能力也更有意愿转换为阅读推广活动角色，充当活动主体。新媒体时代下，借助于互动性强的信息传播技术，师生读者更能方便快速地转换角色。所以，高校师生及相关组织经常既是阅读推广活动的主体又是活动的客体，二者时常融为一体。[①]

（二）活动客体单一性

就目前而言，高校图书馆阅读推广活动最主要、最大的客体来源是比较单一的校内师生读者及相关组织，复杂的层次多样的校外社会大众读者只是零星散落在各种活动和师生读者之中。

（三）活动对象专业性

由于活动客体的特殊性，所以相对于公共图书馆，高校图书馆阅读推广活动内容所选择的资源和内容往往具有较强的学科专业性和较高深的学术理论性。

（四）活动效果显著性

虽然阅读推广活动效果评价一直难以定量统计，但高校图书馆阅读推广活动效果在一定程度上还是可以从教师的教学水平和质量、教科研水平和学生的学习成绩、综合素质等指标上，进行适当的定量分析与评价。

[①] 李明.高校图书馆阅读推广研究[M].北京：朝华出版社，2019.

（五）活动目标特殊性

相对于公共图书馆开展的践行阅读自由和公平等阅读推广活动，高校图书馆阅读推广活动更多关注的是师生读者的阅读质量和品位以及高校和高校图书馆的人才培养目标和宗旨。

三、高校图书馆阅读推广的目标

广义的阅读推广主要指以培养一般阅读习惯或特定阅读兴趣为目标开展的一切活动。然而由于高校图书馆不同于公共图书馆，作为高校三大支柱之一，其活动的开展必然与教学、科研存在着千丝万缕的联系，活动的目标不可能完全脱离促进专业学科学习、各类考试、创新创业教育等人才培养目标，而只是单纯的培养阅读兴趣爱好和能力。狭义的高校图书馆阅读推广，即以图书馆为主导联合其他部门和单位，在充分利用现有资源的基础上，开展培养师生阅读兴趣、习惯和能力，提升师生专业技能和综合素质的系列活动，旨在实现学校教育教学目标和图书馆宗旨。

四、高校图书馆阅读推广的类型

有学者曾将高校图书馆阅读推广分为教育功能与使命、深化阅读、信息保障、和谐关系和艺术鉴赏五大类。也有学者从阅读推广内容的角度，将阅读推广分为阅读文本推广、阅读工具推广、阅读方略推广、阅读理念推广和阅读文化推广五种类型；从阅读推广活动的角度，将阅读推广分为微推广、小推广、中推广、大推广、巨推广和宏推广六种类型。此外，从阅读推广其他构成要素角度划分，高校图书馆阅读推广还有以下几种类型，即从活动主体角度出发，可分为图书馆主办类、协办类和联合主办类等；从活动客体角度出发，可分为学生类、教师类、师生类、社会大众类等；从活动对象角度出发，可分为推广图书馆类、推广资源类、推广服务类等；从活动功能角度出发，可分为休闲娱乐类、社会服务类和专业学术类等；从活动目标角度出发，可分为阅读能力提升类、阅读兴趣培养类和阅读方向引导类等；从活动地点角度出发，可分为馆内类和馆外类，其中馆外类又可分为校内类和校外类；从活动周期角度出发，可分为定期类和不定期类等。不同类型的阅读推广活动，有着不同的目标和效果，可以满足不同读者的个性化阅读需求，高校图书馆应该根据不同读者的阅读需求，采取不同策略，开展不同类型的阅读推广活动。[①]

第二节　高校图书馆阅读推广的内容与方法

作为全民阅读推广的重要动力源泉，也是全民阅读的前沿阵地，图书馆应该充分利用其自身优势，开展阅读推广，促进全民阅读，构建书香社会。虽然目前很多图书馆都设立了独立的专门负责阅读推广工作的部门或专职人员，但就国内图书馆现状而言，起码在高校图书馆范围内阅读推广暂时还不

---

① 李明.高校图书馆阅读推广研究[M].北京：朝华出版社，2019.

能说已经成为主流服务。现阶段，高校图书馆阅读推广活动，主要采取的组织方式有：读书征文比赛、图书推介、讲座、图书捐赠、读书有奖知识竞赛、图书漂流、图书展览、经典视频展播、读书箴言征集、名著影视欣赏、馆徽设计征集、名著名篇朗诵、品茗书香思辨赛、评选优秀读者、读书会（读书俱乐部、读者协会）和（微）书评等活动等。通过调研发现，总体上讲座、书展、（微）书评、读书会和图书漂流五种活动是高校图书馆阅读推广的主要形式和未来发展趋势，所以本章节将对此五项活动逐项进行讨论。

一、高校图书馆讲座活动

（一）讲座的定义

"讲座"本意是高僧说法或儒师讲学的座位。如今常作为一种教学形式，多利用报告会、广播、电视或刊物连载的方式进行，如中国经典文化阅读讲座。"讲座"有传播知识、交流思想、传承文化之效。高校图书馆讲座是高校图书馆利用人员、场地、设施和技术等条件，出于一定的目的，通过组织、策划，邀请主讲人，面向读者进行的一项常规性活动。组织、举办各种讲座，是高校图书馆阅读推广工作的一项重要方式。高校图书馆拥有丰富的教学资源，通过举办讲座，开设"第二课堂"，可以很好地培养读者的阅读素养，提升读者的终身学习和继续教育的能力。

（二）讲座的类型

根据讲座的功效划分，高校图书馆阅读推广讲座主要分两大类。一类是，用户培训课程。例如，新生入馆教育、文献信息检索教学、数据库使用培训、Internet免费学术资源的检索与利用和阅读工具使用辅导等，这类讲座既体现高校图书馆教育读者职责，也是高校图书馆营造阅读氛围的有效手段。一类是文化交流讲座。这类讲座是图书馆的主要服务内容之一，历史悠久，早在20世纪五六十年代，沈雁冰、郭沫若、老舍、季羡林等文化名人就先后在图书馆举办讲座。这类讲座不同于一般的上课，对主讲人的文化素养和沟通能力要求很高，还要具有及时有效地应付读者提问的能力，因此主讲人一般是知名教授、社会名流等。如今高校图书馆在开展这类讲座中，邀请的主讲人不仅有专家学者，有时也有普通的读者，目的在于阅读技巧的分享和阅读体验的交流。

另外，根据讲座的形式还可以分为以下三类：一是系列讲座，即讲座的主题和内容是相关联的，讲座的地点是固定的，讲座是定期举行的；二是不定期讲座，即图书馆不定期讲座的举办，讲座往往结合当前读者关注的热点问题、热门活动、新资源或新技术举办；三是预约讲座，是指用户有权定制讲座的时间、主题、内容，用户掌握很大的主动权，能够更为细化培训对象，深化培训内容。

（三）讲座的组织

1.成立工作团队

相对于其他阅读推广活动而言，讲座的涉及内容广泛、形式多样，讲座的读者众多，会场的秩序与安全极为重要，另外还涉及前期主讲人的选择、讲座的宣传推广，期间的保障和视频拍摄、后期的资料整理、宣传与共享等工作。组织讲座活动，是一项大的系统工程，需要各方面人力、场地、设施设备等资源的密切配合，尤其是需要一个高效、分工明确的跨专业、跨部门的团队。团队具体组织成员，涉及的部门主要有图书馆、院办公室、宣传部、学生处、教务处、团委、系部、保卫处等，涉及的专业人员有图书馆员、主讲教师、各类读者、艺术策划、宣传人员、保卫人员、后勤人员等。

2.重视选题内容

高校图书馆讲座的选题需要进行科学的、整体的规划，突出不同主题的目标和功能，既要广泛、通俗，满足大众口味，又要集中有条理、有针对性，能够满足不同读者的阅读和文化需求。在选择讨论主题的内容时应该坚持下面几项原则。首先，讲座内容选题范围要广，古今中外、各行各业的文化和知识都可以成为讲座的选题，只要能够满足受众的需求，与受众产生共鸣。讲座的内容可以是大众的，也可以是小众的，只要体现针对性，找准受众群体便是成功的讲座。其次，讲座内容要由浅入深，体现不同的层次。由于不同受众的文化水平和接受能力参差不齐，同样的讲座内容有的受众觉得简单容易，有的受众却觉得过于深奥、听不懂。因此，策划讲座活动时要根据受众的接受程度体现不同的深度与层次，做到循序渐进、深入浅出。再次，讲座要成系列，讲座的内容要有连贯性。为了持续吸引受众，讲座的主题之间具有内在关性。系列讲座中的每个分讲座主体要短小精干，要与其他分讲座紧密联系。独立讲座内容要清新简练，要包含大量有价值的信息。①

3.选择合适主讲人

合适的主讲人能够为讲座注入有生命力的灵魂，选择优秀的主讲人是使讲座精彩、吸引受众的前提保障。讲座的主讲人不一定是人气高的名人或者常识渊博的专家，只要对某一问题有独到的见解，或者有吸引人的独特经历与感受，并且能把自己的观点与感受富有感染力地讲出来，能够起来宣传推广作用，就可以成为讲座的主讲人。主讲人的个人风格决定了讲座的特点，同一主题由不同的主讲人来讲，讲座呈现出来的风格和效果则各不相同。高校图书馆举办讲座，可以根据讲座的主题和内容来寻找合适的主讲人；也可以根据主讲人的风格与特点选择其最擅长的，或者受众最想听到的主题。

4.讲座时间与地点的选择

高校图书馆举办讲座，在确定讲座时间与地点时应该根据自身的特点来

---

① 李明.高校图书馆阅读推广研究[M].北京：朝华出版社，2019.

选择。大学师生每年有寒暑两个比较长的假期，多数师生会离校，因此，讲座尽量不要安排在寒暑假。另外，大学老师的教育和科研任务繁重，需要教师参加的讲座可以安排在节假日。而面向广大学生的讲座可以安排在晚间或者周末。讲座的地点可以安排在教学楼的阶梯教室或多功能厅，也可以安排在图书馆的礼堂举行。针对校外受众的讲座的时间和地点可以灵活安排，应该尽量与校内教学工作时间错开，可以充分利用节假日时间，也可以考虑利用学校下班时间段。另外，为了便于社会读者聆听，可以考虑将讲座的地点转移至社会公共场所和居民社区内。

5.讲座的宣传与推广

伴随着新媒体技术的推广和普及，宣传高校图书馆讲座的方式也越来越多元化，既可以利用包括电视、报纸、横幅、海报等在内的传统媒体和手段，还可以借助图书馆官方网站、微博微信、论坛、简易信息聚合（RSS）等网络新媒体平台和技术。并且可以在新媒体平台上反复刊登讲座的时间和地点，以加深受众的印象，吸引更多的人参与。例如，2021年12月12日，某某高校图书馆与某某直播平台合作，对《疫情下的寒假时光》讲座进行了直播，获得了很好的广告宣传效益，吸引了近千人现场聆听讲座，另有几千人观看了直播。在之后不到两周的时间内，讲座视频共有十万以上的播放量，随后图书馆又做了2场讲座直播，观看量更是分别达到了1.3万人次和1.7万人次。讲座结束后，图书馆还应该指派专人负责收集整理讲座视频等资料，做好后期宣传和进一步的推广和共享工作。

二、高校图书馆书展活动

（一）书展的定义

书展，即图书展览会的简称，是图书馆一种传统的服务方式。近年来面对读者阅读习惯的转变，简单的书目推荐工作已经不具备足够的吸引力和影响力，而书展却具有展示馆藏资源、营造阅读氛围、提高借阅量等功效。所以近年来，高校图书馆习惯利用一些纪念日、节假日或特殊的时间节点，在图书馆内或校园内的显著位置设立专区周期性地开展书展活动，书展活动也已经成为图书馆阅读推广的一种重要手段。

（二）书展的类型

根据不同的图书来源和渠道可以将书展分为不同的类型。第一类是主题书展，既将图书馆自身馆藏资源中关于某一主题的所有图书集中展出，利用丰富的图书资源来吸引读者，促进浏览和借阅，提高资源利用率，间接地提升读者的阅读素养。并且可以借此机会梳理和整合高校图书馆的馆藏资源，对图书馆的品牌形象起到宣传和推广作用。例如，放假前举办的关于时间管理的主题图书展、针对毕业生创业的职业生涯规划图书展、伟人纪念日图书展、青年艺术家作品图书展等。第二类新书发布、签售展，是由高校图书馆与出版社、书店、资源供应商等图书出版发行机构联合举办，高校图书馆提供场地，并执行组织宣传工作，图书出版发行机构提供图书资源。新书发布、签售展往往还同时开展现场选书荐购或直接销售图书等活动，可以缩短图书采购流通周期，提高读者阅读率。第三类是联合书展，即由几家图书馆联合举办，将各家的馆藏资源归集在一起进行展览，使各高校图书馆的馆藏形成优势互补，还可以进一步促进馆际互借等多种协作交流活动，使展出资源更加全面与丰富，吸引更多的读者和受众，对联合举办书展的几家图书馆都有宣传和推广的作用，形成规模效应，实现共赢。由于图书馆在组织书展过程中可能会出现资源短缺的现象，所以拥有共同目标、馆藏互补的某一区域内的两所以上的高校图书馆常以联合举办书展的形式开展活动。

（三）书展的主题

作为阅读推广活动形式之一，高校图书馆的书展区别于其他展览，除活动主办方是高校图书馆，书展的主题是其最大的特点。高校图书馆书展的主要对象是校内师生读者，所以要充分利用馆内资源，选择合适的书展主题内容，满足读者的阅读需求。书展的主题内容可以是学校某一领域的专家教授的荐书，也可以是馆员或师生读者精心挑选的优质的利用率高的图书，还可以富有创意的主题为内容。书展主题内容的选择既要注意避免一些生涩难懂的理工科类图书，又要结合学科和馆藏特色扩宽主题和深度；既要周期性地开展系列主题书展，又要保持相同主题书展时间上的间隔；既要举办以校内师生读者为对象的与学术科研结合紧密的如各种教材主题书展，也要举办面向不同层次、不同类型读者的通俗易懂、贴近生活的，如科普知识及法律常识主题书展。

（四）书展的组织

1.人员配置

高校举办书展应该配置相关的工作人员，人员的数量需要根据书展的规模和工作的复杂程度而定。举办书展的相关工作主要包括前期的策划宣传与资源场地的协调；展览期间的现场组织和突发情况处理等事宜；书展结束的撤展、整理与总结等。高校图书馆工作人员可以主要执行书展的领导、策划和组织工作，还可以吸收部分社团和在校师生志愿者来做辅助工作，例如前期的宣传推广可以请传媒系的学生，发挥他们的专业特长进行线上和线下的宣传工作；书展现场的事务性工作也可以请学生志愿者来完成。较大规模的书展还应该成立一个临时性的领导小组，成员应该包括图书馆员、学校相关部门、院系教师和社团学生等，成员之间要有明确的分工和团结合作的精神。具体工作可由社团学生和师生志愿者负责。

2.展厅选址和布置

高校图书馆举办书展进行地点选择时可以很灵活，学校的各种礼堂、多功能厅、阶梯教室都可以协调借用，具体如何选址可以根据书展的规模、类型、受众群众来确定。书展的布置风格应该高度契合相关的主题，力求新颖、独特、吸引人。书展布置的设计可以请艺术系的学生协助。展厅选址对活动效果十分重要，需要选择人流量大的公共场所，但要注意避免影响学校正常教学秩序，也要注意安全保障工作。同时，最好选择晴朗的天气，组织开放式的书展，以取得最佳的宣传效果和视觉效果。

3.线上与线下相结合

随着新媒体技术的广泛普及和应用，高校图书馆举办书展也应该突破传统，采取线上与线下相结合的方式。利用新媒体宣传技术开展线上宣传的效果越来越显著，同时，也不应该忽略传统的宣传方式，仍有一部分受众仍习惯于通过海报、横幅、广播等方式了解书展的信息。举办展览的同时可以进行线上直播，线上书展不受时间与空间的限制，可以吸引更多、更大范围的受众参与，更好地服务校内外广大的读者。采用线上与线下相结合的方式举办书展，可以将书展的效果和影响成倍地放大，达到事半功倍的效果。例如，清华大学图书馆百年馆庆网站开设了"数字展厅"，华东师范大学图书馆网站上有"主题书展角"，北京师范大学图书馆网站常年举办系列微书展。

4.书展的存档与总结

高校图书馆书展结束后应该及时进行存档与总结，梳理展览的相关资料归档，并且对展览的经验进行总结，书展的存档与总结本身也可以成为高校图书馆的馆藏资源，对今后相关活动的开展具有指导和借鉴作用。例如，香港科技大学图书馆于1991年开始有计划地大规模地开展书展活动，如今任何一位读者都可以在图书馆网站上查阅历年来的展览详情，且网页的设计也与展览保持着一致的风格。科学合理的归档和数字化工作，极大地方便了读者们的观展需求，也极大促进了读者利用图书馆的欲望。受众在参观书展时会针对书展内容和活动组织策划留下一些反馈意见，梳理与总结这些反馈意见能够了解受众的需求，以及受众对书展活动和高校图书馆的评价，高校图书馆可以根据受众的意见，提供更有针对性的服务，并对自身的不足之处进行整改。

三、高校图书馆微书评活动

1977年，我国年出版图书12886种。2016年，出版图书达到499884种，其中书籍410438种，课本89001种，图片445种。40年间，我国图书出版种类数量增长了几乎40倍。读者们经历了"找不到书读"到"书太多找不到"的尴尬境界，同时由于图书资源质量参差不齐，读者们还需要面对"知识泛滥，信息污染"的困惑窘境。读者们亟须图书馆帮助其提高"阅读精准度"，解决其"图书选择困难症"，所以长期以来图书馆也确实在积极举办各种各样的图书评论和好书推荐活动。近年来随着新媒体的兴起和读者数字化阅读率的增长，微阅读已经成为大学生的主流阅读方式。微书评正以它"短小精悍"的特点深受大学生读者欢迎，已经成为高校图书馆阅读推广的重要形式之一。

（一）微书评的定义

书评，"图书评论"的简称，即评论并介绍书籍的文章，即为读者选择图书提供参考，以便有针对性地去阅读，如当当、京东、亚马逊等图书销售网站都具有书评功能的系统。另外，在于它的导读功能，即准确反映图书核心内容，帮助读者了解图书精要，为读者在阅读时提供价值判断的参考，如美国联机计算机图书馆中心（OCLC）的开放维基版联合目录和国内的豆瓣网书评等。很多作家都是兼职书评人，如约翰·厄普代克（John Opdyke）、苏珊·桑格塔（Susan Lennon Sontag）、科尔姆·托宾（Kolm Tobin）等都在《纽约时报书评》或《纽约客》上发表大量高水平书评。19世纪大文豪亨利·詹姆斯（Henry James）更是留下4000多页的评论性文章，几乎囊括了同时期所有重要作家的作品，而村上春树（Haruki Murakami）的杂文集《无比芜杂的心绪》，也可以说是半部书评集。微书评，则是内容在140字以内的微型书评，主要是以书为对象进行介绍或评论。

（二）微书评的特征

书评，即评论或介绍书籍的文章，是以"书"为对象，实事求是、有识见的分析书籍的形式和内容，探求创作的思想性、学术性、知识性和艺术性，从而在作者、读者和出版商之间构建信息交流的渠道。书评是应用写作的一种重要文体。

一篇好的书评有四个特点：一是善于联系实际，二是语言通俗易懂，三是拥有创造性见解，四是拥有明显的信息增量。比如加入一些其他人不知道的理论，再摆出好观点，同时要给出具体的实操方法和具体建议。

书评的含义有二重性，既是文字也是行为。书评是在对书籍的内容和形式进行价值判断的文章；也是指对书籍进行价值判断和评论的行为。

书评不同于读后感。读后感的主要任务不是对书籍进行价值判断，而是记录个人阅读某种书籍后的所感、所想、所悟；是以读者的心理活动为中心，而不是以阅读的对象为中心；在写作上它通常只是围绕阅读对象的某一个点而抒发开去，几乎可以不考虑书籍的整体情况，甚至可以仅仅把阅读对象作为引子，然后就大谈其感想、大发其议论、大抒其情怀。

书评是对书籍进行价值判断后的成果。任何不涉及对某本书进行评价的文字，都不能叫作书评。写书评就是在寻找共鸣，就是在标记某种立场的势力范围，它没有什么绝对的价值判断，评得妙评得劣，而在于把能否把感触表述得细腻，把界定标示得清楚，或者能否诱发出最大范围能的共鸣。

（三）微书评的组织

1.建立微书评数据库

微书评数据库的建立科学合理而又内容丰富，是高校图书馆开展微书评促进阅读的基础。微书评的主要作用在于它的中介功能，即让读者在阅读行为实施之前，有一个心理准备，以使阅读具有针对性，这又要求它点明图书的精要所在；最后在于它的导读功能，此功能分为两个方面：一是为读者在阅读时，对所读图书进行价值判断提供参考；二是向读者推荐优秀的图书，这自然就要求它必须准确地反映书的内容，并在众多的出版物中遴选书评的对象。开发用户检索、浏览、下载和上传系统，不仅使用户可自行获取相关书籍的微书评，还可以使用户上传共享。[1]

2.搭建微书评交流平台

高校图书馆应该在高校官网设立微书评交流、展示的版块或栏目，并综合运用新媒体平台进行推广。微书评交流平台需要按时维护与更新，及时回复用户的建议与问题，形成良好的互动，也能起到宣传推广的作用。主题既要体现理想气质和批判精神，又要包括人物传记、推理小说、旅行美食等读者喜闻乐见的主题内容；既要尊重作者的学术观点，又要提倡百花齐放、百家争鸣。

3.举办微书评大赛

书评的作用于首先在于它的信息功能，也就是说，为读者选择图书提供参考，这就要求它把图书的基本内容介绍给读者，成为读者们的淘书指南。高校图书馆可以通过举办大赛，征集优秀的微书评，激发读者参与互动，从而推动阅读。高校图书馆还可以通过图书馆网站开发专门书评系统，搭建微书评创作积分激励体制，鼓励读者对图书评论，引导读者"以书交友"，分享阅读心得和乐趣，营造阅读氛围，例如重庆大学图书馆的"书评中心"系统。

---

[1] 李明.高校图书馆阅读推广研究[M].北京：朝华出版社，2019.

4.建立微书评服务共享机制

各高校图书馆的微书评交流平台之间可以互相链接，建立交流、共享机制，实现微书评资源的优势互补、互通有无、分工协作。另外，高校图书馆还可以通过加强与出版社、书店、行业协会和相关网站之间的合作交流，逐步打造一个互惠互利的微书评有机整体，增加图书馆微书评的虚拟馆藏，使高校读者自由阅读各类微书评资源，有效满足各类读者对微书评的需求。

四、高校图书馆读书会活动

（一）读书会的定义

《礼记·学记》曰："独学而无友，则孤陋而寡闻。"所以阅读既是个人的独立行为，同样也需要与人互动交流，才能更进一步，而读书会就是读者互通交流的平台和有效途径。卡兰德（Carlander）曾以瑞典的读书会为例，指出读书会是一种特殊形式的小团体研读。近年来，读书会以其简单自由、平等互助、形式多样、渗透力强等特点，已经成为推进全民阅读的主要模式。例如，在瑞典全国各地几乎每个乡村都有学习圈，学习圈已成为瑞典人的一种生活方式。在中国自古就有以文会友的美好传统，如今组织、引导、支持读书会活动也已经成为高校图书馆阅读推广的重要手段之一。

（二）读书会的模式与类型

随着社会阅读风气的兴起，如今读书会有了进一步的发展，读书会的运作模式和工作类型也是多种多样、各具特色。在世界范围内，读书会主要有以下九种类型：单主题读书会、多主题读书会、互流通读书会、图书漂流读书会、图书馆读书会、在线网络读书会、作者读书会、广播读书会和书店读书会。按承办方划分，主要有公共图书馆组建的读书会、高校图书馆组建的读书会、民间自发组建的读书会，同时还可以按活动目标、需要、主题、年龄、性别、区域、是否收费等角度进行分类。总体来说，高校内的读书会模式相对较为单一，类型也较少。据统计，中国大陆及港台地区大学校园内的读书会主要有学生自发组建、学校图书馆牵头组建和学校教学管理部门牵头组建三种类型，也有少数校外读书爱好者利用高校图书馆资源和平台组织的读书会。

目前，我国高校图书馆读书会活动开展得如火如荼，形式多样，按图书的内容分类有两种。茶座式，特点是无主题，或主题不断变化。随兴所至，海阔天空，东西南北，古今中外，上至天文地理，下至鸡毛蒜皮。适合于中老年人，也适合于休闲。以老年报、生活杂志、文摘类书报为阅读对象。主题式，特点是围绕一个主题组成，如《易学》读书会，《红楼梦》读书会，莎士比亚读书会，民国女性读书会。有对应的专业性，但广泛联系。更多的读书会把《易》、《红楼梦》、莎士比亚作为某一时段的主题。这种有约定的读书会更适合于年轻人，有动力，有利于积累。按组织方式分类有五种。讲座式，邀请专家学者、作者、朋友来作读书报告，或者在读书会成员中确定一位主讲人先就某一主题讲话，然后成员间互动。嘉宾式，邀请两个以上嘉宾，与主持人、成员进行问答。与讲座式不同的是，嘉宾没有长报告，可以就内容进行短暂的描述。互动成分加大。论坛式，确定几个成员就某一主题进行发言。一般三五个以上，发言结束后可以互动，发言者与成员之间互动，发言者与发言者之间也互动。讨论式，由主持人确定主题，大家自由发言。没有中心发言，参与程度最大，互动面最广，最符合读书会交流的本质。但因为太松散会影响效果。活动式，由主持人确定活动方式，大家各自展示自己的才能。比如诗歌朗诵，猜字谜，成语比赛，汉字书写，辩论对抗，采访式，演剧式等。活动式不但互动面最广，且相对的参与度也最深，体验性、实践性强。

（三）读书会的作用与意义

1.有利于阅读推广实施与普及

随着生产力发展，物质生活水平日益提高，闲暇时间越来越多，人们对精神生活的需求日益突出。除了娱乐以及原本丰富的影视欣赏外，作为精神生活重要内容的读书也日渐凸显。读书会也因此不断加多，并形成自己的特点。高校图书馆需要通过传统的宣传手段和方式结合读者们喜欢的新媒体，以营销等企业管理理念，加强对读书会及其活动的宣传和推广。

2.有利于拓展读者阅读的深度和广度

读书会的性质决定了会员在活动中能有效开展深入的、互动的、积极的、平等的交流，换句话说，读书会的目标是既定的，读书会的质量决定于大家向这个目标迈进的进度、速度。读书会的读书目标，比如读那些书是商定的，是可以变化的。读书会的质量既决定于目标的实现，也决定于目标本身向纵深发展。

3.有利于提升图书馆及资源的利用率

图书馆拥有充足资源，是大多读书会活动的最佳场所，发起、组织读书会活动，也有利于提高图书馆的资源利用率。例如，注重线下渠道的会员售卖，使得其一方面收获了大量的会员，另一方面也直接构建了线下社群。自建APP的形式，使得会员沉淀更充分，为未来挖掘会员价值提供了基础，但也增加了早期的运维成本。

4.有利于图书馆整体服务水平的提升

由于高校图书馆组织的读书会活动是自由交流的形式，没有利益冲突，因此，读书活动内容基本上是可以公开的，甚至是完全开放的。它不像利益集体、宗教团体、政治团体有那么强的封闭性。

读书会的形式多种多样。各成员按照个体间的沟通、协调，追求最佳的组合形式。

（四）读书会的组织

1.明确定位，提高会员自读率

自由、平等等特征，既是读书会组织吸引读者的优势，也是读书会组织稳定性不足的劣势。高校图书馆发起的读书会是相对松散的兴趣群体。虽然会制定一些规定、章程，但主要是靠成员自愿约束自己、促进阅读为目的的条文，没有严密的组织，没有物质利益冲突，也不存在法律效应。读书会是凭兴趣组成的群体，追求精神生活，可涉及政治观点，但一般不涉及政治诉求。涉及政治诉求，进入政治行为，其性质也发生了变化。读书会也不同于专业交流的行业协会，行业协会与利益挂钩。所谓的专业学术更多表现为技术资料，有保密性。读书会要保密的内容不多。

2.加强管理，提高读书会影响力

相对小众和分散，也是读书会组织的特点之一，但容易造成组织持续性弱，组织的活动频次低覆盖范围小等问题。高校图书馆组织的读书会一般是针对在校师生与校外读书爱好者，人数不固定，十来人，二十来人，三十来人不等。成员们为着一本书，一篇文章，一个观点讨论不休，这也是读书会。读书会成员可随意增减。其发展不表现在人数增多，而表现在读书质量的提高上。这一点好似班级授课，一个班级的质量在于这个班级的学习水平，而不在于人数多少，但是有明确的目标。诚然，读书会也会规定读某一本书，但这可以是个体之间讨论的结果，是自由选择。

3.持续扶持，引导交流与合作

自由交流书籍信息、读书体会，这是读书会的本质。本质是交流，其成员之间必须有或多或少的互动，有互动的才能成为读书会成员，不互动的只能是听众，听报告。在读书会中，只有互相约定的"读书义务、发言义务"，以及配合主持人的"协调义务"，没有下级服从上级的说法。平等交流是成员之间的原则。读书会成员之间推荐书籍、文章越有针对性，讨论话题越多越深入，互动越充分，收益就越大，该读书会活力就越强。有针对性也是一种互动，否则，书海茫茫，推荐的书籍不着边际，就构不成互动基础。

五、高校图书馆图书漂流活动

（一）图书漂流的起源与发展

图书漂流的方式已不再局限于投放户外一种。

图书漂流，是一段文明美丽的奇妙旅程，它起源于20世纪六七十年代的欧洲，读书人将自己读完的书，随意放在公共场所，如公园的长凳上，捡获这本书的人可取走阅读，读完后再将其放回公共场所，再将其漂出手，让下一位爱书人阅读，继续一段漂流书香。没有借书证，不需付押金，也没有借阅期限。这种好书共享方式，让"知识因传播而美丽"。如今，图书漂流的方式已不局限于投放户外一种，越来越多富有想象力的书友在投漂图书时，在投漂说明中设定了自己的漂流规则，使图书的漂流过程变得更加丰富多彩。

互联网的出现加速了图书漂流活动的普及，2001年4月，在美国堪萨斯市附近的一个小村庄，Ron Hornbaker开设了一个图书漂流网站（www.bookcrossing.com），从此图书漂流活动得以迅速发展，虽不足四年，却已波及欧美。目前，全世界已拥有超过41万名注册"图书漂流"成员，注册图书超过240万册。网站创始人霍恩贝克自豪地表示："'图书漂流'群体的激情总能振奋我的心。"

2005年5月3日，第九届威比奖（Webby Awards）揭晓。起源于美国的图书漂流网获得了"社区"和"社会/网络"两个类别的人民之声奖。威比奖是由国际数字艺术与科学学院（International Academy of Digital Arts and Sciences）主办的评选全球最佳网站的奖项，该奖被誉为互联网界的奥斯卡。

我国的"图书漂流网"则缘起于创办者laow和jane在瑞士旅行时，在luzern狮子纪念碑前，第一次拾取到漂流书，于是就有了中国的图书漂流网站。目前网站拥有注册书友4000多人，注册图书超过400册，并在北京和乌鲁木齐设有两个"图书漂流"站。2004年，春风文艺出版社就曾把三本畅销书——石钟山的《遍地鬼子》、洪峰的《革命，革命了》和阎连科的《受活》进行了"放书漂流"。

（二）图书漂流注意事项

图书漂流来自国外，作为"舶来品"，在高等校园内才刚刚兴起不久，高校图书馆首先应该厘清以下三个问题，才能有效开展活动，实现活动目标。

1.宣传问题

保持宣传活动的连续性、时效性；注意平面宣传后期宣传媒介的维护。面向全体同学发出倡议，号召大家积极参与图书漂流活动。发动同学们将自己的藏书分享出来。让每一本书共享，让知识因传播而美丽。促进分享藏书，以书会友，播撒书香，传递文化，掀起读书热潮，达到资源的利用。图书接受大家共享。共享者可以规定图书漂流时间。比如漂流半年或者三个月，到期后图书流回到共享者手里。接收者读完后或者在声明时间到期时需要把书传递给下一位接收者。传递方式为邮递或者同城传递。当面递交最好，快递的话就到付。

2.反馈问题

做好项目成果的调研，以数据形式呈现；不断根据受助者情况的变化，创新志愿活动形式。接收者需要独立开帖，帖子需声明阅读时长（最长不超过1个月），每周一到两次跟帖报告阅读进度和分享读书心得。漂流书同时配一个小笔记本，用来记录读书心得和每个使用者到一些信息，如昵称和联系方式。

3.图书管理问题

在图书的收集与管理中，应做好相应的处理措施，避免书籍遗失、损坏，确保漂流工作完善开展。漂流为纸质版图书。图书的共享顺序以在"共享书征集帖"的跟帖顺序为准。图书漂流在上一个接收者手中到期后，请自觉联系下一位接收者。

（三）图书漂流的组织

1.宣传工作

宣传时要强调图书漂流的意义，严肃表明此问题的公益性。可将此次活动的意义深化，将其与环境保护联系起来（树木、造纸、制书，图书循环利用也是环保的一种手段）宣传海报可贴在宣传栏及公寓楼道宣传栏。呈现方式：将每本图书封面上粘贴我们独有的"漂流标识"（以活动主题为主）；每本书的扉页上粘贴制作的"图书漂流书签"，内容包括图书漂流的规则，归还的联系方式以及阅读此书的心得体会；在图书的背面贴有"漂友汇卡片"，阅读过此书的漂友可以将自己的资料填写在卡片上，并简单的书写读书心得。

2.准备工作

由高校图书馆将部分图书现场上架，并在统一的地点进行漂流，从第二天起设点漂流、宣传单（讲解活动流程）、音响、话筒签字笔数支（诚信卡签署，读书寄语签署）、桌椅数张（签名时用）。举行启动仪式流程：主持人介绍活动流程，宣布图书漂流启动仪式开始；参与者亲手签署读书心得并简单讲解对此次活动的评价，亲手放到图书漂流架上；同学代表们签署诚信保证书；主持人总结，宣布图书漂流活动正式开始，并欢迎各位参与。

3.具体安排

每位参与者每次仅限领取一本漂流书，并在漂流记录卡上签下自己的名字、联系方式等，或者以系为单位，各系领取五本书，按本系漂流方式起漂，传阅过程中要爱护书籍，并精心保管，保证遵守图书漂流活动规则。图书放漂后，参与者可以自行"转漂"（将已经读完的漂流书继续漂流下去），也可以放在指定的漂流书架上换取其他的书来读。如若转漂，请按照"图书漂流书签"上的联系方式短信联系，以便我们做信息汇总，找到本图书的最后漂友。每个月最后两天为"停漂日"在图文信息楼一楼回收图书，整理分类，并在第二个月第一天再次开始重新漂流。每一个参与者都叫作漂友，漂友的责任与义务是保证图书的完整与回归，负责监督身边一切正在漂流的书是否按照漂流的流程来进行漂流。漂友团可以自行联系，进行"求漂"（可以对任意一本图书发出漂流请求）等活动，掀起和谐友善的读书热潮。各相关负责人最终将图书汇漂至统一地址，在漂流登记表上签字确认，示意为此次图书漂流活动画上圆满句号。"雁过留声，漂流留痕"读者在阅览图书后，可自创书签或使用便利贴，并在其留下自己看书感言或独特见解。高校图书馆可根据短信汇总的信息对漂友团的传阅记录，筛选出优秀的书签或便签留言，进行一个图书排行榜，读后感张贴至图文楼大厅内展览并公布于宣传栏内同时发布在官网上，供大家借鉴交流。最终评比出"优秀图书漂流系"颁发证书。

第三节　高校图书馆阅读推广的发展趋势

一、高校图书馆阅读推广的发展历程

（一）中国古代图书馆及阅读推广思想

追本溯源，学者名流推荐书相，可谓是中国最早的阅读指导方法。李正辉在《推荐书目源流考》一文中将之追溯至《国语·楚语·申叔时论傅太子之道》记载的申叔时给士亮推荐春秋、世、诗、礼、乐、令、语、故志和训典九种课程以教育太子；而最早正式成目录的为唐初释道宣所编《大唐内典录》之九《历代众经举要转读录》。王重民、彭斐章、王余光等先生则以敦煌发现的《杂抄》中的"唐末士子之读书目"为最早的推荐书目，该书目为当时的学子开列了一个包含25种图书的书目清单。其后历代为指导读书治学均有推荐书目产生，如元代程端礼《程氏家塾读书分年日程》，清代龙启瑞《经籍举要》、张之洞《书目答问》等。

（二）民国时期公共图书馆阅读推广

民国至今，推荐书目一直被广泛应用于阅读指导及推广活动中，胡适、梁启超、钱穆、蔡尚思、王余光，以及一些机构均开列过推荐书目。

20世纪初，中国新式图书馆开始建立。其时的图书馆除了收藏中西书刊，还举办读书会、展览会、巡回讲座、读者竞赛（演讲比赛、时事测验、健康比赛）等阅读推广活动，并通过设分馆、图书流通处、图书代借处、办理巡回文库（又称流通图书馆）等方式来推广阅读。

从文献报道来看，我国中小学教育者于20世纪50年代开始关注并研究"阅读指导"的问题，20世纪80年代开始产生了关于图书馆阅读指导工作的研究。图书馆阅读指导指介入式地引导读者利用文献和图书馆的服务。

（三）现代高校图书馆建立健全服务网络

20世纪90年代，图书馆导读的概念开始被提出和研究。图书馆阅读指导或导读是一个宽泛的概念，涵括了图书馆使用指导、阅读内容与方法指导、目录及工具书使用方法指导、文献检索知识教育等所有指导、引导或辅导读者利用图书馆、文献与阅读的服务及活动。

从图书馆重点工作演变历史来看，过去被统括于导读工作范畴的内容逐渐分化并进一步拓展，成为专门的实践及研究领域，如参考咨询、信息素养教育，以及而今应时代需求脱颖而出的阅读推广。

综上所述，我们虽然可以从国内过去的阅读指导或导读工作中追寻到阅读推广的历史轨迹，但整个20世纪我国图书馆事业还处于建立图书馆网络、健全现代图书馆服务功能的状态，阅读推广意识较弱，阅读推广活动较零散，其目标、理念、模式、规模等与当今提出的阅读推广均不可同日而语。

（四）当代高校图书馆移动阅读全民化

以1997年中宣部等九部门联合发出《关于在全国组织实施"知识工程"的通知》为标志，我国政府部门开始有意识地倡导社会阅读。2000年，"知识工程"领导小组把每年的12月定为"全民读书月"，当年深圳市委市政府率先发起了"深圳读书月"活动，进一步推动了我国阅读推广的进程。2006年，中国图书馆学会科普与阅读指导委员会成立，其年，作为特定术语的"阅读推广"一词开始在文献中正式使用。此后，在图书馆界的大力呼吁与不懈努力下，国家政府文件或宣传中均表现出对社会阅读问题越来越多的重视与支持，同时，越来越多的组织及个人参与到社会阅读推广事业中来，在短短十余年间开展了广泛丰富的阅读推广实践，掀起了阅读推广大潮，产生了众多示范单位、阅读推广品牌与先进个人，阅读推广愈见成效。

阅读是国民教育及文化传承的基础。随着国家领导层对于文化在国家发展战略中重要地位日益深刻的认识，国民阅读受到国家的高度重视，并于近年出台了相关行动规划及法律法规，提出要大力发展公益性文化事业、建设优秀传统文化传承体系，把深入开展全民阅读活动作为加快城乡文化一体化发展的重要内容。2014年《政府工作报告》提出"倡导全民阅读""传承和弘扬优秀传统文化"。2015年《政府工作报告》则指出要"弘扬中华优秀传统文化""倡导全民阅读，建设学习型社会，提高国民素质"。2016年《政府工作报告》把"倡导全民阅读，普及科学知识，提高国民素质和社会文明程度"作为"十三五"时期的重要工作；其后出台的《中国国民经济和社会发展第十三个五年规划纲要》要求"推动全民阅读",并将全民阅读工程列为"十三五"时期文化重大工程之一;同年12月,《中华人民共和国公共文化服务保障法》《全民阅读"十三五"时期发展规划》相继出台。《全民阅读"十三五"时期发展规划》是我国首个国家级全民阅读规划,旨在推动全民阅读工作常态化、规范化发展,标志着全民阅读问题已上升至国家战略高度。2017年《政府工作报告》继续提出要大力推动全民阅读。同年,《中华人民共和国公共图书馆法》于11月通过,第33条将公益性讲座、阅读推广、培训、展览列为公共图书馆应向公众免费提供的服务,第36条要求公共图书馆通过开展阅读指导、读书交流、演讲诵读、图书互换共享等活动来推广"全民阅读"。国家主席习近平也在多个场合宣扬阅读的价值,认为读书可以让人保持思想活力、得到智慧启发、滋养浩然之气;中华优秀传统文化是中国在世界文化激荡中站稳脚跟的根基。

国家政府层面对于全民阅读问题的重视与支持,加之中国图书馆学会阅读推广委员会的多方引领,我国阅读推广事业近十年来发展迅猛。中国图书馆学会通过建立阅读推广专业委员会,召开阅读推广峰会,评选示范基地、优秀组织、优秀项目,开展阅读推广人培训,组织出版阅读推广教材等方式,来引领全国阅读推广工作的开展。目前,中国图书馆学会阅读推广委员会分委会的个数已从创建当年的15个增加至21个,每个分委会的人数25人左右,吸纳了大量的阅读推广人员。自2006年起,中国图书馆学会开始组织召开"全民阅读论坛",至2018年,已连续开展12届;2013年开始举行"全民阅读推广高峰论坛"。各分委会也举办了很多极具特色的研讨会,如经典阅读推广委员会于2013年开始举办"经典亲近边疆边远行"。这些研讨会的举办,对于阅读推广理论与实践的发展起到了积极的推动作用。为激励及表彰全国阅读推广工作的开展,中国图书馆学会设立了"全民阅读示范基地"等活动,这些评选活动得到了社会各界广泛的响应与参与。值得一提的是,高校图书馆在前两项评选中表现不俗。据南昌大学图书馆副研究馆员熊莉君等2016年的统计,10年来全国有22个地区71家高校图书馆获得了114次"全民阅读先进单位"荣誉称号,有12个地区30家高校图书馆获得"全民阅读示范基地"荣誉称号。目前,中图学会网站已展示的品牌阅读活动有"世界读书日""全国少年儿童阅读年""中国文化风""绿色阅读"等。2014年，中国图书馆学会在全民阅读推广峰会上举行了"阅读推广人"培育行动启动仪式，至2018年初已成功举办9期培训班，培养了2100余名阅读推广人。

在建设全民阅读社会的呼声下，图书馆、出版社、书店、传媒机构、营利性机构（如亲子教育机构、国学培训机构、会员制的图书出借机构、移动阅读平台研制者）、学校或研究机构、政府及相关公益机构、社会团体（如志愿者组织"故事妈妈"）、个人等纷纷加入阅读推广大潮中来，从各自的视域开展了丰富多彩、各具特色的阅读推广实践。

作为阅读推广的核心机构，阅读推广工作在图书馆全局工作中的位置已全然改变。过去部分图书馆也会举办一些展览、讲座、读书竞赛等推动阅读的活动，但往往处于零星的、可有可无的、非系统非常态的状态。当前，阅读推广已成为图书馆的主流核心工作，也成为许多图书馆的工作考核要求。2015年教育部修订颁布的《普通高等学校图书馆规程》界定高校图书馆既是学校的文献信息资源中心，也是校园文化和社会文化建设的重要基地。2017年文化部颁发的全国第六次公共图书馆评估定级标准中，"阅读推广与社会教育"成为新增的评估重点，数量指标包括：讲座培训次数、展览次数、阅读推广活动数量、数字阅读量占比、每万人参加读者活动人次、阅读指导、图书馆服务宣传推广。为推进阅读推广工作，许多图书馆从空间与设施、人员、服务设计等方面对图书馆整体工作进行了重新规划与布局，设置专门的阅读推广部门或岗位，配置富于吸引力的阅读空间，采用新模式、新技术、新方法来开展阅读推广工作，增强阅读推广的活力与效果。与图书馆相似，书店在空间布局改造、阅读活动举办等方面也令人耳目一新，如广为人所称道的钟书阁、先锋书店、诚品书店、西西弗书店皆成为所在城市美丽的人文风景。响应当前文化发展及阅读推广的形势，传媒机构推出《朗读者》《中国诗词大会》《见字如面》等大受好评的节目，影响着大批观众接触、了解及阅读更多有价值的作品。随着社会、技术等的发展，在庞大的社会阅读推广群体中，不断有新的力量加入。例如，来源广泛的移动阅读平台提供商推出掌阅iReader、QQ阅读、天翼阅读、书旗小说、微信读书等数字阅读网站或App。又如，基于对儿童教育的热情，"故事妈妈"等志愿者群体在青少年阅读方面起到了良好的推动作用。目前，不同的阅读推广主体间合作与融合的发展趋势日益明显。

在推广社会阅读的共同目标下，各种社会阅读推广力量竞合联动，举办了大量极具创意的阅读推广活动，形成了一种文化现象、一股社会风潮。

二、高校图书馆阅读推广的发展趋势

阅读推广作为图书馆现阶段最具活力和人文关怀的服务，对于读者阅读现状和阅读推广工作中的问题，需要高校图书馆在阅读推广中进一步加强理论自觉和管理自觉。高校图书馆要建立工作长效机制，要大胆借鉴营利组织的营销等理念结合先进的科学技术，采取多样措施，吸纳各方资源，转型升级阅读推广工作。如今，高校图书馆虽然进入数字化时代，高校图书馆在各个领域都还有非常大的改善空间，高校图书馆仍有巨大的发展潜力阅读推广功能，随着高等教育的演进和图书馆自身的发展而不断前进。

（一）搭建校内三级管理机构，建立区域阅读推广联合组织

学校层、图书馆层、学生层共同构成了校内三级管理机制。学校层的阅读推广委员会主要职能是统筹全局，统一组织管理，制定各项规章制度和考核标准。图书馆层的阅读推广的工作重点在于组建专业的馆员团队，策划活动方案并指导和组织活动的开展。学生层的管理机构主要是指读书社团，主要工作内容是协助图书馆层策划和组织活动。高校图书馆需要整合校内资源，联合公共图书馆、书店等机构和组织同开展服务范围更广的阅读推广活动。

（二）推行阅读推广个人负责制，构建成绩认证体系

提高活动参与积极性，不仅包括读者的积极性，还应包括馆员的积极性。图书馆积极推行阅读推广人制度，健全相关工作职责和规章制度，制度业绩考核的标准，通过升职、加薪、评职称等方式激励工作人员的积极性。同时应积极尝试由某一馆员组织开展一项阅读推广活动。在当今互联网时代，图书馆可以借助各种新媒体平台开展阅读推广活动，吸引学生参与互动。

（三）完善工作评价机制

相对于公共图书馆，高校图书馆阅读推广工作起步较晚，规模较小，总体水平也较低。就目前来看，高校图书馆阅读推广普遍存在工作水平参差不齐和工作机制不够完善两大问题，导致服务活动质量、效益较低。需要通过评估进行总结，以便转型升级提质，为阅读提供良好的制度和文化环境。

（四）优化阅读推广策略，明确活动主题

若要办好阅读推广活动，首先要制定既立意鲜明又独特吸引人的活动主题。明确活动主题的原则如下：第一，主题既要新颖也要贴近生活，富有创新意识的主题很容易吸引学生的眼球，同时主题也要符合大学文化气息，贴近学生的需求。第二，主题要短小精悍，有针对性，主题要简短鲜明，不要把活动的所有细节都体现在主题里；不同的主题针对不同的受众，不要苛求同一个主题来吸引关注点各不相同的受众。第三，突出图书馆资源的亮点，举办阅读推广活动的目的是将图书馆资源推荐给读者，因此活动的主题相当于图书馆的软广告，吸引读者前来。图书馆在制定方案过程中，坚持继承与

创新相结合的原则，在形式上也应不断创新，保持活动的连续性并形成品牌效益。

（五）开展大数据与个性化阅读推广

高校图书馆的阅读推广大数据主要包括三大类内容，分别是图书馆业务数据、文献数据和用户数据。策划个性化阅读推广活动应该从数据分析入手，将文献数据和用户数据进行比对和匹配。通过分析用户数据，既可以掌握读者的阅读记录、兴趣、需求等阅读属性，也可以了解读者的年龄、性别、专业等自然属性。大数据不仅能掌握读者个性化阅读需求，为每位读者量身定制个性化阅读推广计划；还可以提升阅读推广效果，开展基于分级阅读理论的阅读推广和网络关联文献推荐服务等个性阅读推广。图书馆在使用读者大数据的过程中，要特别注重对读者隐私的保密工作，维护读者对图书馆最起码的信任，保证图书馆事业获得读者尊重和支持。[1]

（六）新媒体与个性化阅读推广

新媒体为读者阅读提供了新载体，为图书馆阅读推广开辟了新通道。新媒体在阅读推广中，既要与纸质书的载体竞争，又要与海量信息的注意力竞争。图书馆在运用新媒体开展阅读推广中，要充分发挥新媒体的优势，不断增加电子书品种，创新阅读推广形式，改进读者阅读体验。有了全面的品种内容，结合新颖的阅读推广形式，加上新媒体强大的渗透力，图书馆阅读推广会出现一个新的局面。

要使新媒体成为图书馆阅读推广的有效工具，必须将新媒体技术融入图书馆的阅读推广之中。新媒体不仅是一项很好的阅读推广工具，其本身也是

---

[1] 李明.高校图书馆阅读推广研究[M].北京：朝华出版社，2019.

一个很好的阅读载体。在运用新媒体技术阅读推广时，要注意将二者有机结合，以收到事半功倍的效果。新媒体背景下图书馆阅读推广必须发挥新媒体优势，建设图书资源数字信息，建立图书馆APP，创新制作阅读推广新内容，引爆自媒体裂变式传播效应，建立图书馆新媒体阅读推广队伍。

（七）复合图书馆应运而生

复合图书馆随着信息技术的发展应运而生，传统图书馆的思维方式、工作方式、服务方式及信息组织方式以前所未有的速度发生着巨大的改变。从以下几个方面来论述传统图书馆与数字图书馆的整合。首先，图书馆学者参与数据制作，与技术人员共同开发图书数据库管理系统，提高信息检索的效率。其次，图书馆学者还要不断关注新技术成果，使传统方法与新技术之间形成优势互补，探索研究出更高效率的搜索引擎，将理论与技术相互融合，构筑网络检索和信息组织的最佳方法。避免在信息时代的背景下图书馆转型过程中造成不必要的失误和无法挽回的损失，最终实现复合图书馆的整合功能和最大效益。

参考文献

[1]李晓蔚，赵靓，范馨元.坚守与创新高校图书馆发展研究[M].北京：北京工大出版社，2020.

[2]陈幼华等.高校图书馆阅读推广理论与方法[M].北京：朝华出版社，2020.

[3]杨永华.智慧时代高校图书馆服务创新与发展研究[M].北京：原子能出版社，2020.

[4]王凤翠."一流学科"建设高校图书馆支持体系创新研究[M].武汉：华中科学技术大学出版社，2020.

[5]张路.大数据时代高校图书馆信息服务创新研究[M].长春：吉林人民出版社，2019.

[6]王碧春.高校图书馆信息化创新建设与服务研究[M].长春：吉林教育出版社，2019.

[7]张丰智，李建章."双一流"建设背景下高校图书馆建设与服务[M].北京：北京邮电大学出版社，2019.

[8]黄娜.高校图书馆与学科建设[M].长春：吉林人民出版社，2019.

[9]焦青.高校图书馆文化建设研究[M].北京：中国商务出版社，2019.

[10]李明.高校图书馆阅读推广研究[M].北京：朝华出版社，2019.

[11]包华，克非，张璐.高校图书馆信息资源建设[M].北京：中国商务出版社，2019.

[12]孔瑞林.高校图书馆阅读推广研究[M].济南：山东教育出版社，2019.

[13]于红，李茂银.高校图书馆管理与服务创新研究[M].长春：吉林人民出版社，2019.

[14]刘秀文.高校图书馆专利信息服务研究[M].北京：海洋出版社，2019.

[15]王海.区域高校图书馆战略规划与评估[M].北京：现代出版社，2019.

[16]杨琳.高校图书馆管理与阅读服务模式创新[M].长春：吉林人民出版社，2019.

[17]李建明.高校图书馆阅读推广与服务机制构建[M].北京：航空工业出版社，2019.

[18]皇甫军，包海艳，杨静.高校图书馆学科资源建设理论与实践[M].北京：文化发展出版社，2019.

[19]刘纪刚.高校图书馆阅读推广理论与实践[M].北京：九州出版社，2019.

[20]吴佳丽.高校图书馆阅读推广理论与实践研究[M].延吉：延边大学出版社，2019.

[21]许昱.高校图书馆学科化服务创新研究[M].北京：现代出版社，2019.

[22]谢薛芬.浅谈高校图书馆工作[M].杭州：浙江工商大学出版社，2018.

[23]郑幸子.高校图书馆管理与服务创新[M].长春：吉林大学出版社，2018.

[24]郑丽.信息时代高校图书馆发展与创新探索[M].济南：山东大学出版社，2018.

[25]陈珊珊.高校图书馆创新服务实践与指导研究[M].成都：电子科技大学出版社，2018.

[26]杨启秀.高校图书馆管理与服务创新研究[M].北京：国家行政学院出版社，2018.

[27]赵洁等.高校图书馆信息资源建设研究[M].北京：海洋出版社，2018.

[28]李永霞，卢胜利.高校图书馆建设与校园阅读推广[M].成都：电子科技大学出版社，2018.

[29]陈陶平，赵宇，蔡英.现代高校图书馆管理与服务探究[M].北京：九州出版社，2018.

[30]何秀荣.高校图书馆创新发展研究[M].北京：中国农业大学出版社，2017.

[31]包瑞.高校图书馆服务与资源开发[M].长春：吉林大学出版社，2017.

[32]范国崴.高校图书馆现代化管理[M].长春：吉林人民出版社，2016.

[33]林水秀.高校图书馆资源建设与管理研究[M].长春：吉林大学出版社，2016.

[34]严潮斌，李泰峰.高校图书馆资源与服务体系建设研究[M].北京：北京邮电大学出版社，2015.

[35]郑志军，杨红梅.高校图书馆管理创新研究[M].成都：电子科技大学出版社，2014.

[36]罗时进，唐忠明.坚守与超越 高校图书馆发展研究[M].苏州：苏州大学出版社，2013.

[37]梁瑞华.高校图书馆知识服务体系研究[M].开封：河南大学出版社，2010.

[38]王娟.高校图书馆信息服务体系研究[M].大连：大连海事大学出版社，2009.

[39]黄健.高校图书馆发展研究[M].长春：吉林文史出版社，2009.

[40]臧鸿妹.高校图书馆读者服务新探[M].合肥：安徽大学出版社，2009.

[41]马莎.高校图书馆文化建设与创新[M].成都：西南交通大学出版社，2008.

[42]王黎，秦红.高校图书馆文化论[M].成都：西南交通大学出版社，2007.

[43]何立民.高校图书馆建设与发展[M].北京：中国科学技术出版社，2003.

[44]闵红云.高校图书馆改革与发展[M].昆明：云南大学出版社，2002.

[45]单行.高校图书馆管理[M].开封：河南大学出版社，1991.

[46]皇甫娟."阅读+"时代高校图书馆智慧阅读服务模式建设研究[J].河南图书馆学刊，2021，41(11)：69-71.

[47]张丽平，田凯.论信息时代高校图书馆的服务创新[J].科技创新与生产力，2021(10)：30-32+35.

[48]谢静.高校智慧图书馆知识服务体系构建研究[J].山东农业工程学院学报，2021，38(09)：123-128.

[49]王丽君.碎片化阅读时代高校图书馆的服务创新[J].文化产业，2021(03)：84-86.

[50]王海燕.高校图书馆的知识服务及其发展策略[J].河南图书馆学刊，2020，40(12)：96-97+109.

[51]朱波，张姝末，段滨艳.知识服务视角下高校图书馆参与新型智库建设的创新路径研究[J].河南图书馆学刊，2020，40(08)：127-129.

[52]郭瑞华.保障读者权利视野下高校图书馆服务变革策略研究[J].高校图书馆工作，2016，36(06)：67-70.

[53]杨娅娟.泛在知识环境下基于用户需求的高校图书馆服务模式研究[J].农业图书情报学刊，2016，28(06)：165-167.

[54]孙悦.基于知识管理的高校图书馆知识服务研究[D].哈尔滨：黑龙江大学，2015.

[55]孟静.试论高校图书馆知识管理与知识服务[J].科技信息，2012(36)：610.

[56]时爱福.打造图书馆资源特色的个性化知识服务探析[J].兰台世界，2012(32)：92-93.